幸福之源

优/化/生/命/体/验/的/科/学

之源

［英］安德鲁·E.克拉克 Andrew E. Clark

莎拉·弗莱什 Sarah Flèche　理查德·莱亚德 Richard Layard

纳达武·包他威 Nattavudh Powdthavee　乔治·沃德 George Ward

——— 著 ———

倪志良　张开志　胡亚文　陈永立　王茂森　于扬

——— 译 ———

格致出版社  上海人民出版社

名家推荐

"本书是一本非常棒的书。它为我们提供了探索人类幸福成因的全新视角,并且书中对如何通过政策和程序提升幸福感进行了细致的研究。"

——埃德·迪纳,《幸福:解锁心灵财富的秘密》的合著者

"本书植根于人生各个阶段所能得到的最佳线索,对于从童年到老年的各个阶段如何获得幸福感给予了权威而全面的分析。"

——艾伦·克鲁格,普林斯顿大学

"本书的作者都是这个领域的权威专家,将我们对幸福感的认知提升到了一个新的高度。书中的研究阐释了童年时的经历和情绪如何影响成年人的幸福感,并且强调了父母的幸福感对子女幸福感的重要影响。作者们为更好地设计评估政策而引入了新的度量体系,这些政策会对数百万人的幸福感产生终身影响。因此,无论对于学者、政

策制定者还是知情民众而言,本书都非常值得一读。"

——卡尔·格雷厄姆,《人人幸福?追求美国梦中的

不平等希望与生活》作者

"如果政策制定者想要提升民众的幸福感,理解民众的想法以及这些想法产生的原因就显得尤为重要。本书是研究人类幸福感的长期决定因素的开创之作,所提出的幸福感提升路径既在情理之中又让人耳目一新。本书对于所有渴望提升幸福感的人而言都具有指导意义。"

——马丁·杜兰德,经合组织(OECD)首席统计学家兼统计项目主管

"本书最大的贡献在于对整个生命周期的幸福感进行综合分析。该书作者融合了队列研究、纵向面板及横截面数据调查等方法,为读者提供了了解幸福感更加全面的视角。在本书问世之前,从未有人做过如此系统的研究。"

——约翰·F.哈利维尔,不列颠哥伦比亚大学

目　录

第一部分　什么铸就幸福的成人？

第三部分　我们能做些什么?

0 引言：全新的范式

所有伟大的真理，一开始都离经叛道。

——萧伯纳（George Bernard Shaw）

2016 年 4 月，德国总理默克尔发起了一场全国大讨论："什么对我们来说最重要？"是她疯了？还是我们的确忘记了生命中最重要的是什么？人类真正的进步应指向何方？

金钱是一个显眼的指标，至今也有许多人把金钱放在头等位置。但当今世界，人们正在寻觅更加"进步"的评估理念。他们拒绝将财富与收入作为政策演变与个人生活的首要目标。相反，他们正转向 18 世纪的盎格鲁-撒克逊启蒙运动中提出的更宽泛的观点：我们衡量进步的标准是人们享受生活的程度。

在过去的 200 年中，这个崇高且人道的理想是现代西方文明的核心，并且对人们选择生活方式、政策制定者作出决策有着深远影响。这为个人树立了道德准则：尽我所能为世界创造福祉、减少痛苦。①这也为政策制定者树立了社会准则：创造令人幸福且充实的社会条件。

事实上，正如美国前总统杰弗逊所说，心系民生与幸福是好政府的唯一合理目标。[②]

我们赞同杰弗逊的观点，但是如何实现这个目标呢？似乎至今都不太容易。没有一种被广泛认可的衡量人们是否享受生活的指标，至于什么样的条件能帮助他们享受生活就更加知之甚少了。不过现在这种情况正在改变。过去 40 年，"主观幸福感"的新科学迅速兴起。一方面，该科学研究表明，包括美国和德国在内的许多国家，人们并没有比 40 年前的生活获得更大的乐趣；[③]另一方面，科学告诉我们很多关于可以实际上做些什么来提升幸福感。

本书的目的就是尽可能清晰地阐明相关知识，并用量化的方式呈现我们已知的幸福成因。这对个体和政策制定者都至关重要。

设想一个政策制定者试图在青年培训与精神健康之间分配额外的资源；或者某非政府组织的首席执行官要在关爱老人与支持年轻母亲之间作平衡。如何以理性方法作出选择呢？显然，必须通过一定的方法来比较不同选项的效益，还需使用常用的效益度量方式。只有如此，政策制定者才能尝试从可用资源中产生最大的总效益。

直到最近，广泛认可的效益衡量标准是人们愿意为对应的产出所支付的金额。这或许能够部分解释某些类型的支出，却不可能解释大部分的公共支出——例如医疗保健、老年人护理、儿童保护、法律与秩序、公园与环境、福利支出。由国家提供这些服务的一个主要原因就是，个人选择并不总是能够带来最有效率或最公平合理的产出。[④]在医疗保健方面,许多国家多年来一直使用非货币的效益衡量指标,比如英国的"质量调整生命年"(QALYs)。⑤但无论在哪里,关键问题不变:衡量生活质量的最佳标准是什么?

0.1 度量幸福

在我们看来,我们应该像评估自己的幸福一样,来评估人们的幸福。人们经常被问道:"总体来说,你对最近的生活有多满意?"回答的范围是0—10,0代表"完全不满意",10代表"完全满意"。或者要求人们在从0—10的一条线上做出标记。这两种方式得到的结果是很相似的。⑥许多国家都是在非官方的调查中提到这个问题,最早的研究始于50年之前。但如今,大多数发达国家都在定期的官方统计中,被要求提供大量样本。⑦

当被问及这个问题,人们即在评估自己的总体幸福感。所以我们喜欢这种提问方法。但幸福感往往用其他方法来测量。第二种方法是试图捕捉人们的情绪——他们当时的愉悦感或不适感。这种方法必定受限于特定的(通常是短期的)时间段。⑧但这对于阐释生活质量非常有用,因为生活就是时时刻刻进行的。⑨第三种方法是问人们,自己在生活中做的事有多愉悦? 这便是所谓"幸福感"的度量。这种度量很有趣,但我们倾向用"生活满意度"作为衡量幸福感的标准,原因如下:

第一,它是个综合体——它涉及人们生活的全部;第二,读者很清楚——它不涉及研究者的数据整合处理过程;第三,也是最重要的,它是民主的——它允许个体根据他们认为对自己重要的事情来评估他们的生活。这就不会把他人关于"什么情感与经历是有价值的"的观点强加进来。如果我们希望政策制定者能够采纳相关结果,这样的民主就很重要。在民主国家,政策制定者不应该对"什么对人们有益"作出判断,而应当创造人们对生活感到满意的条件。

越来越多的政策制定者对自己所扮演角色的方式感到适应。毕竟,开明的政策制定者们多年来一直会询问公民是否对他们提供的公共服务感到满意。可以此为基础更进一小步,询问公民是否对自己的整体生活感到满意。事实上,政策制定者们都会被建议这么做。基于我们对过去 40 年欧洲大选的分析表明,民众的生活满意度是该政府能否连任的最佳解释指标。如表 0.1 所示,生活满意度比任何经济变量的预测效果都好。[10]

表 0.1　现任政府得票率的影响因素(偏相关系数)

生活满意度	0.64
经济增长	0.36
失业	−0.06
通货膨胀	0.15

注:使用了自 20 世纪 70 年代以来关于生活满意度的欧洲晴雨表(Eurobarometer)数据和欧洲大部分国家的标准选举数据。回归变量中包括了以往选举中政府的得票份额。生活满意度的数据来自选举前最新一次的调查。其他变量均为选举当年的数据。

资料来源:Ward(2015)。

但是，这种测度有多可靠？不同人在回答这个问题时会使用相同的度量方式吗？某些程度上说，他们必须这么做。正如本书所述，通过一系列相关变量，我们可以在一定精确度上预测一个人测度的生活满意度。[11]同样地，生活满意度本身也是很多结果的预测指标——不但可预测现任政府的投票结果，还可以预测诸如是否长寿等。[12]

当我们度量儿童的幸福水平时，也能使用生活满意度这个指标吗？本质上说，儿童经历的生活质量和成人所经历的生活质量一样重要（如果把儿童的生活质量作为影响成人生活质量的原因，那儿童生活质量甚至更加重要）。但儿童不像成人那般有能力判别自己的经历。所以儿童不会被询问生活满意度的问题，而是被询问一组关于他们情绪与感受的问题。[13]这些问及儿童情绪与感受的相似问题，也会被用于询问他们的家长和老师。我们把这些回答归集起来度量儿童的幸福水平。

因此，我们关心所有个体整个生命周期的幸福感。成人用生活满意度度量；儿童用情绪与感受度量。

0.2 生命全程的幸福起因

度量幸福的下一步就是解释幸福，从而理解为何一些人意气风发、而另一些人却潦倒憔悴。本书的主要目标就是以全新的范式，展现一幅讲述幸福起因的明细图。坦率地讲,现有的大多数幸福研究,都是一次聚焦一个因素(通常带有一些限定),然后指出该因素在统计学意义上显著影响幸福。而且,不同的研究中会使用不同的方式度量幸福。

我们的方法不同。首先,我们使用单一方法度量幸福,因此可以明确地比较不同因素对幸福的影响效果。其次,我们同时估计所有这些因素的影响效果,所以我们可以单独剥离出改变其中某一个因素所带来的影响。这非常重要,因为大多数政策往往针对特定的变量(比如收入或健康情况)。为了确定改变某一个因素的影响,我们通常假定其他因素保持不变。

所以我们的分析将在单一框架下比较不同因素孰轻孰重。这对个人、政策制定者都很重要。一旦政策制定者确定了"关键的问题",他们自然会做新政策的对照实验(这些实验将在本书第三部分加以讨论)。但在那之前,我们需要一个解释在我们的生命历程中,幸福是由什么决定的模型。我们需要回答诸如此类的问题:

- 认知、行为、情绪,哪个对童年更为重要?

- 生命的哪些方面在什么年龄段应当被重视?

图 0.1 粗略地概括了我们的生命模型(不含老年人)。每个个体的父母都带着既有的品格特点,比如收入状况、育儿技能、和谐的家庭和良好的精神健康状况。随后儿童将会入学接受教育,无论是否会提升幸福水平。这些因素(以及基因)将决定孩子们如何发展认知、行为、

情绪三要素(情绪也是我们衡量儿童幸福的指标)。我们把这三要素的发展称为"儿时表现"(child outcomes)。我们在孩子16岁时衡量情绪与行为的发展状态,并在孩子们获得最高学历时衡量认知状况。随后孩子们进入成年,有了许多衡量成功的维度——收入、就业、家庭组成、非犯罪行为、身心健康。这些"成年人表现"(adult outcomes)决定着个体的生活满意度。

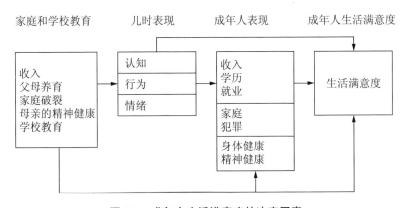

图 0.1　成年人生活满意度的决定因素

这些对生命的描述对应图0.1中的水平箭头。然而,早年生活的一切均会对后期的生活产生直接影响,就像其他箭头展现的那样。生命中的每个阶段,都是由先于它发生的一切决定的。

如果我们对影响生活满意度感兴趣,我们就需要知道,如何通过在生命不同时期的干预来影响生活满意度:

- 我们可以在成年期进行干预。我们想知道,在之前发生的一切保持不变的情况下,"成年人表现"的改变如何影响生活满意度。

- 我们可以对"儿时表现"进行干预,我们想知道,在"家庭和学校教育"保持不变的情形下,"儿时表现"的改变如何影响生活满意度。

- 我们也可以对"家庭和学校教育"进行干预。

为了回答以上三个问题,我们需要估计相应的三个关系:

(1)已知"儿时表现"与"家庭和学校教育","成年人表现"如何影响生活满意度;

(2)已知"家庭和学校教育","儿时表现"如何影响生活满意度;

(3)"家庭和学校教育"如何影响生活满意度。

还有解释"儿时表现"(包括儿童幸福水平)与"成年人表现"的有趣关系:

(4)"儿时表现"与"家庭和学校教育"如何影响"成人表现";

(5)"家庭和学校教育"如何影响"儿时表现"。

如果我们剑指提升成年人与儿童幸福水平的政策进步,这些关系极其有用。如果为了评估某个特定的新政,我们需要做一个合适的控制实验。通常这样的实验只会展现短期内的效应,生命模型能帮助我们模拟短期效应之后可能出现的长期效应。

0.3 关于本书

本书的首要目标是给出关系(1)—关系(5)及其他许多关系的量

化证明。相关依据是国际性的，来自许多国家，特别是来自英国、美国、德国、澳大利亚。英国在个人生命进程方面的数据非常丰富，并为我们提供了追踪 1970 年、1991—1992 年出生的英国儿童的"出生队列调查"。[14]此外，许多国家（英国、德国、澳大利亚）也做了几十年的"家庭面板"调查，是从受测者 15 岁左右开始的年度调查。[15]我们会使用这些调查以及其他的国际数据。[16]相关材料可在网上查询，包括所有调查的细节、使用的问卷、每个表格和数据所对应的完整表格等。[17]

全书结构上，第 1 章对整个生命历程进行概览，展现什么重要、什么不重要。本书其余部分分为三大部分。

- 第一部分关于成年人阶段。我们探究，每种"成年人表现"对幸福感产生怎样的影响。人们会适应这些成果吗？人们把这些主要成果与他人比较吗？如果我们希望增加整个世界的幸福水平，这些问题都至关重要。我们还会探究，社会规范与他人行为有多大的影响？儿时的哪项成就对成年人影响最大？

- 第二部分关于儿时阶段本身。父母如何影响孩子的幸福、行为和学术水平？和父母相比，学校和老师的巨大影响是什么？

- 第三部分关于所有这些信息可以如何影响政策制定？为什么我们需要一种全新的政策制定路径？最后一章将会总结我们的结论。

0.4 提示

我们的目标雄心勃勃——这是对人本思想的彻底革新。现阶段的发现不免是概略的。但"大致正确的真正重要"总比"完全正确的不太重要"更好。因此,我们的发现应通过"与普遍无知的状态相比较"来判断,而不是通过"与完全知晓的状态相比较"来判断。

本书受制于某些条件。第一,目标自然是展示不同因素在多大程度影响幸福——测度一种因果关系。而因果关系通常通过对照实验建立,在对照实验中,改变某个因素,可以观测到结果的变化。但是所有社会科学中这样的实验都很少,更别说关于幸福的实验。所以本书基于自然主义的数据,采用多元回归分析。但我们依旧使用因果性的语言来表达,我们说某因素以一定数额"影响"幸福。这会更易读,但报告的结果,并不会比原回归方程更加合理。

第二,所有"效果"都是基于对所有人的平均,尽管人与人之间是不相同的(有的人差别大,有的人差别小)。并且所有的方程式都是粗略的、不考虑相互作用的线性方程,它们都仿佛是一块全新巨大领域的早期概览图。特别是,我们很少提及性别差异,部分是由于大部分的方程式中,男性与女性都是显著相似的。但对希望研究性别差异的研究者,我们在第1章的网上材料中提供了区分男女的全部表格。

第三，有很多重要问题对生命历程研究并无帮助，这些问题包括环境与住房、少数族群差异（总体来看样本量过小），因而我们不处理这些问题。第四，本书仅讨论发达国家。

我们提及"幸福"的时候，我们通常指生活满意度（对于成年人）或者情绪健康（对于儿童）。我们展示的大部分影响都很小，但并不意味着不重要。如果接下来的 25 年，我们能将人类的生活满意度提高 1 分（在总计 10 分的设计），那将是一个巨大的进步。

0.5 结论

这有些许用处吗？我们真的能说服政策制定者聚焦人民的生活满意度吗？

答案当然是肯定的。经济合作与发展组织（OECD）已经力劝政府将人民幸福作为目标，许多政府也将幸福感作为政策制定的标准。[18] 但世界范围内的大部分政策还是通过一系列的特别论证制定的，并未尝试将各个论断相互对应。撒切尔一度试图将财富创造作为英国的目标，但效果不佳，因为没有人相信医疗保健、儿童保护、老年护理、法律制度或者公园能够增加财富。什么真正重要？人们有着广泛而模糊的认识，却无法进行比较。

如今幸福研究给出了切实的依据弥补这块空白。现在还早，本书的数据也是抛砖引玉，而非最终答案。但没有人怀疑，它们给出了与传统认识显著不同的新视角。

这能被用来评估政策吗？答案依然是肯定的。当60年前首次提出成本—效益分析法时，看起来也是雄心勃勃。但在给出的限制内，它被不断优化，至今已经是通行的、没有问题的方法了。这个过程会在基于幸福感的政策评价上重演。这最终会变成被完全接受的、评价社会政策等诸多方面的标准方法。同时，希望实验会成为政策变化的标准开头。影响是巨大的。

就像默克尔所说："对人们重要的事情，一定是我们的政策制定指南。"[19]这需要幸福感研究的证据，并且政策制定者有勇气加以实践。如果这能实现，我们一定能构建更加幸福的社会。

注释

① Bentham([1789] 1996)；Layard(2011).

② Jefferson(1809).

③ Layard，Mayraz，and Nickell(2010)，Easterlin(2016).

④ O'Donnell et al.(2014).

⑤ 详见国家卫生和保健研究所(NICE)的出版物。

⑥ 这被称为视觉模拟评分法。

⑦ OECD(2013a).

⑧ 尚不清楚做梦的体验是否应该被包括在内。平均来看，做梦占据脑力活动的全部时间的10%以上(国家神经障碍与中风研究所，NIH，"大脑基础：理解睡眠")。https:// www. ninds. nih. gov/Disorders/Patient-Caregiver-Education/Understanding-Sleep.

⑨ Kahneman(2011).

⑩ Ward(2015).偏相关系数有时被称为标准回归系数,在所有变量除以各自标准差的回归中以 β 来表示。回归方程式的总体解释能力用 R^2 表示,其中: $R^2 = \sum_i \beta_i^2 + \sum_i \sum_j \beta_i \beta_j r_{ij} (i \neq j)$。

⑪ 对主观幸福感相关问题的回答与大脑活动的测度同样紧密相关(Davidson,1992)。

⑫ Steptoe and Wardle(2012). Liu 等(2015)给出了相反的结论,但此结论存在缺陷(参见 Diener, Pressman, and Lyubormirsky, 2015)。关于对生活满意度的影响,参见 De Neve, Diener, Tay 和 Xuereb(2013)。关于有效性,参见 OECD(2013a)。

⑬ 我们使用短期情绪与感受问卷(SMFQ)。

⑭ 这些研究的历史,参见 Pearson(2016)。

⑮ 英国家庭面板调查(British Household Panel Survey,BHPS);德国社会经济面板调查(German Socio-Economic Panel, SOEP);澳大利亚家庭、收入、劳动力动态调查(Household, Income and Labour Dynamics in Australia, HILDA)。

⑯ 行为风险因素监控系统(The Behavioral Risk Factor Surveillance System,BRFSS)、盖洛普世界民意调查(Gallup World Poll, GWP)、欧洲晴雨表(Eurobarometer)和欧洲社会调查(European Social Survey, ESS)。这些都是重复调查,但每次选用的样本不同。我们还使用英国老龄化纵向研究(English Longitudinal Study of Ageing,ELSA),收入动态面板调查(Panel Study of Income Dynamics, PSID)现在也包括对幸福感的测度,但由于时间序列较短,我们并没有采用。对于美国,由于 BRFSS 拥有良好的心理健康数据,因此相比于 PSID,我们优先使用 BRFSS。我们同时使用美国青年纵向调查(US National Longitudinal Survey of Youth)。

⑰ 内容详见本书中在线材料目录。在线材料网址为 http://cep.lse.ac.uk/origins/online material.pdf。

⑱ OECD(2016)。法国数据详见 https://www.legifrance.gouv.fr/affichTexte.do?cidTexte = JORFTEXT000030478182&dateTexte = 20150809,意大利数据详见 http://www.senato.it/leg/17/BGT/Schede/FascicoloSchede DDL/ebook/46876.pdf。

⑲ 于 2015 年 4 月启动的全国幸福对话。

1 生命之幸福：什么对我们来说最重要？

生命的全部在于把握住当下。

——《世界新闻报》(*News of the World*)

本书的中心目标是提供一个"什么使人幸福"的视角，让比较不同因素的重要性成为可能。为了避免一叶障目，我们在仔细研究具体因素之前，首先整体探究什么更重要、什么不重要？

本章我们将使用我们调查中的两个数据集估算引言中提到的五个关系。我们先用基于 1970 年出生儿童数据的英国队列研究(BCS)来估算关系(1)—(4)。然后用基于 1991—1992 年埃文郡(Avon)出生的英国人群数据估算关系(5)。[①]这当然是英国的结果，但是就像我们将在后面的章节看到，这是在发达国家都能发现的典型特征。

本章的分析仅是横截面的，但最终我们会归于面板分析(在面板分析中，所有的影响都会更小些，但不同因素的排序大体相同)。深入的解释和讨论将在后面的章节中进行。此处的关键点在于这些研究为人类生活带来了全新的视角。

1.1　结果的阐释

我们从人们幸福水平的巨大差异开始分析。在一国范围内,变化是巨大的;而纵观全人类,变化更为剧烈。[②]如图 1.1 所示,基于英国队列研究采用了 34 岁和 42 岁个体的观测值[③],样本生活满意度的标准差为 1.9(总范围是 0—10)。

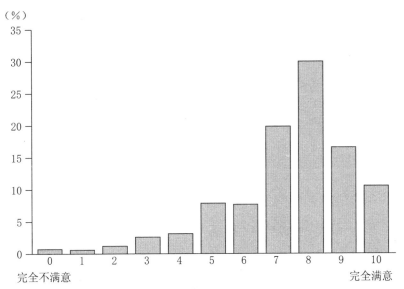

图 1.1　34 岁和 42 岁受测者的生活满意度(0—10)分布

资料来源:英国队列研究。

怎么解释这样的变化? 解释方法为多元回归法。多元回归法会给出类似这样的方程式:

$$生活满意度＝(\alpha_1 \times 收入)＋(\alpha_2 \times 教育)＋etc. \tag{1.1}$$

式(1.1)中，"收入"用美元衡量，"教育"用受教育年限衡量。我们可以用这样的方程式预测，每增加 1 美元收入，能带来 α_1 分的生活满意度增加（总范围照例是 0—10）。类似地，每增加 1 年的教育年限，能带来 α_2 分的生活满意度增加，以此类推。

如果我们要比较不同政策对提高幸福感的效果，这是基本知识。类似政策比如增加收入、发展教育、降低失业、改善健康等。我们需要知道每种改良会额外带来多少生活满意度的增加。

另一个很不同的命题是，收入、教育、就业、健康等因素的不平等能多大程度的解释图 1.1 中所示的巨大幸福差异。这时，我们不光要考虑额外收入的影响（由 α_1 衡量），也要考虑人群间收入变化的程度。这种变化最自然的指标就是标准差（SD）。[④] 因此，一种自然的衡量收入不平等（而其他条件相同的情况下）导致的生活满意度变化的指标就是 $\alpha_1 SD(收入)$。这一变化量相对于总体生活满意度的变化，我们称之为 β_1，其他因素同理。

$$\beta_1 = \frac{\alpha_1 SD(收入)}{SD(生活满意度)}$$

这些 β 系数被称为偏相关系数。该系数的含义是在其他因素保持不变时，显示了收入与生活满意度之间的关系。它们也是式(1.1)的另一种形式的系数，其中所有变量都是"标准化"的——即除以它们

的标准差。⑤被标准化的方程式为:

$$生活满意度 = (\beta_1 \times 收入) + (\beta_2 \times 教育) + etc. \qquad (1.2)$$

所有变量用斜体表示,说明它们被标准化了。

我们曾说这些 β 系数很有用,因为它们指出了不同的因素对总体生活满意度变化有多重要。事实上,如果生活满意度的变化可以用它的"方差"衡量,我们就能把可解释的方差分成 β 系数的平方和与一些其他项的加总。⑥

书中的有些部分我们会用 α 系数,而有些部分我们用 β 系数。⑦当我们用 β 系数,我们通常会在表头指出。如果没有指出,则说明回归方程是基于自然单位的(即 α 系数)。这些在线上附录 1 有详细介绍。

每个系数估计都只是近似值,真实值有 95% 的概率落在系数估计的两个标准误差范围内。所以大部分系数后都用括号注有标准误差。当系数估计有超过 90% 的概率不为 0,系数便用粗体表示。⑧每当我们报告一个估计的方程式时,该式的结果都会表示为一个垂直的数列。

1.2 提升成年人幸福感

我们该如何描述什么决定了一个成年人的生活满意度?我们从关系(1)开始,这包含"近期"决定因素,我们也会讨论"远期"因素。在

图1.2中,我们只关注有关"成年人表现"的系数,以便观察到当个体已经成人时,我们可以做些什么来提升生活满意度(后面我们将讨论,当个体还是孩子时,我们可以做什么)。

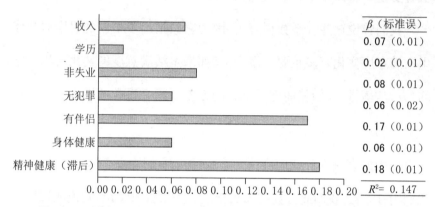

图1.2 34岁与42岁成年人表现如何影响其生活满意度(英国队列研究)

注:括号内为稳健标准误。系数经标准化处理。信息来源于34岁和42岁的英国队列研究受访者。其他控制变量包括16岁时的智力表现、行为与情绪健康状况;父母的受教育情况;家庭收入;父母的关心程度;母亲的心理健康表现;是否家庭破裂;母亲的工作情况;父亲的失业情况;兄弟姐妹的人数;婚后理念;性别;种族;是否出生体重偏低,以及年龄虚拟变量(42岁)。粗体表示 $p < 0.10$(双侧)。

资料来源:图1.2的线上完整表格。

因变量为生活满意度。我们首先考察经济因素对生活满意度的影响。如同图1.2所示,对数处理的家庭收入对生活满意度有些影响——英国或是其他大部分国家情况类似。但家庭收入只解释人们生活满意度不足1%的总体变化,而我们可以识别的所有因素加总起来能解释大约15%的变化。学历的直接影响更小,尽管学历必然会产生远期的非直接影响,比如会影响收入。无论是否失业,收入和教育同样重要。

接下来我们讨论行为。有伴侣会有很大影响，而犯罪行为（以16岁以来的犯罪逮捕记录来衡量）显然会带来社会排斥和更低的生活满意度。

最后讨论健康，包括精神和生理健康。精神疾病是一种特殊的可诊断疾病，是造成低生活满意度的众多原因之一。这些因素并不相同。比如总体来看女性会比男性更有幸福感，却也会有更多的精神疾病。最有说服力的精神疾病衡量指标是实际确诊（这也是第6章中我们主要使用的指标）。但在英国队列研究中，我们不得不基于受测者自己给出的24个问题答案。这是个缺陷，因此我们将此指标滞后化处理（使用受测者在26岁和34岁给出的答案），目的是消除临时情绪对精神健康与生活满意度报告的影响。精神健康的估计影响依然巨大，第6章也会得出类似的估计。[⑨]但不论在此处还是在后面的章节，精神健康的解释力都大于生理健康（生理健康由个体健康问题的数量衡量）。

所以政策制定者如何影响这些"近期"幸福感决定因素呢？显然，针对成人的政策很重要——比如贫困、成人教育、就业、犯罪、家庭支持和健康政策。另一个至关重要、作为补充的方法是在儿童早期进行干预，来提升后期的"表现"水平。这就引入了"远期"个体幸福决定因素——在儿时的成果。

儿时的哪些方面应给予最多关注？对于儿童发展，主要有三个方面——智力（或认知）、行为和情绪。智力发展关乎知识和任务导向技能，行为发展主要关乎对他人的行为，情绪发展关乎孩子的感觉。其中哪个是能预测后期生活满意度的最重要指标？

在图 1.3 中，我们估计了关系（2），阐释了如何用 16 岁以前的生活解释成人的生活满意度（或者就所获最高学历的智力表现而言，包括大学学历）。⑩行为发展的衡量指标是母亲回答的 17 个问题；情绪发展有 22 个由儿童回答的问题和 8 个由母亲回答的问题。⑪并且，我们列示了儿童发展三维度的系数，如图 1.3 所示，对于令人满意的成年生活，最有力的儿时预测指标是儿时的情绪健康。智力发展和行为是次要的预测指标。此发现显然与教育政策有关。⑫

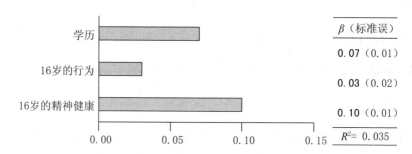

图 1.3　儿时表现如何影响成年人的生活满意度（英国队列研究）

注：括号内为稳健标准误。系数经标准化处理。信息来源于 34 岁和 42 岁的英国队列研究受访者。其他控制变量详见图 1.2 的注释。粗体表示 $p < 0.10$（双侧）。
资料来源：图 1.3 的线上完整表格。

最后，我们用关系（3）探究一个人家庭的影响（如图 1.3 所示）。我们关注孩子父母的经济状况、劳动力市场活跃度、育儿风格、家庭稳定性，以及孩子母亲的精神健康。父母的教育程度由他们全职接受教育的最终年数衡量。均等化的家庭收入取儿时的平均值。父母的失业状况取儿时的平均值。育儿风格用父母对孩子的参与投入衡量。家庭稳定性是看孩子 16 岁时父母是否依旧在一起。母亲的精神健康基于对 24 个问题的回答,并取儿时的平均值。

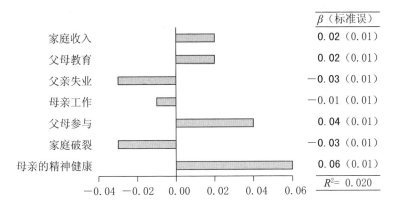

图 1.4 家庭背景如何影响成年人生活满意度(英国队列研究)

注:括号内为稳健标准误。系数经标准化处理。信息来源于 34 岁和 42 岁的英国队列研究受访者。其他控制变量详见图 1.2 的注释。粗体表示 $p < 0.10$(双侧)。
资料来源:图 1.4 的线上完整表格。

如同图 1.4 所示,这些指标的预测力大体相同,但有两个因素很突出。母亲是否工作对孩子能否成长为幸福的成年人没有显著影响。这个重要结论将在随后章节充分讨论。另一方面,母亲的精神健康则极其重要。

1.3 "成年人表现"的起由

对于探究在个体生命的不同时期进行干预的不同影响,关系(1)—(3)给出了很好的思路。但理解黑箱中发生的事情也很重要。例如,各种"成年人表现"是怎么决定的? 即便你不认为幸福是有价值的成果,你可能也想知道怎么影响成年收入、教育、就业、犯罪、家庭生活与健康。图 1.5 展现了儿时表现是如何影响这些成年人表现的,即关系(4)。

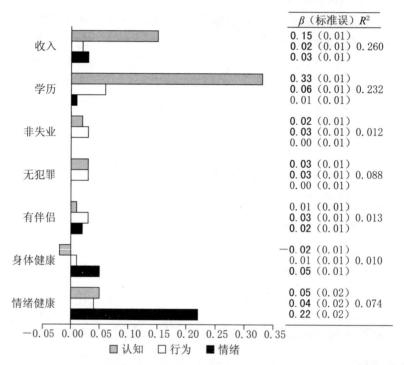

图 1.5　16 岁时的儿时表现如何影响成年人表现(英国队列研究)

注:这里的智力发育状况以 16 岁时的测量数据来衡量。括号内为稳健标准误。系数经标准化处理。信息来源于 34 岁和 42 岁的英国队列研究受访者。其他控制变量详见图 1.2 的注释。粗体表示 $p < 0.10$(双侧)。

资料来源:图 1.5 的线上完整表格。

这有一个清晰的模式。智力发展是收入、学历和就业的最有力的预测指标。行为发展是社会生活与伴侣关系的最佳预测指标。情绪发展很大程度是心理和生理健康的最佳预测指标。这很重要,因为精神健康对生活满意度有着强烈地邻近影响。因此,儿时的表现(即儿时的情绪健康)最能预测成人后的精神健康,这也是成人生活满意度的良好预测指标。

1.4 "儿时表现"的起由

最终我们可以测试什么决定了儿时表现[即关系(5)],这非常重要。儿时不是彩排,而是生命本身。什么可以造就幸福、情绪健康的孩子?

在图1.6(a)和(b)当中,我们探究家庭与学校经历如何决定16岁时的各项儿时表现。该分析基于埃文郡研究提供的详细信息,包括家庭财务状况、育儿行为、家庭冲突等,还包括很重要的学校教育信息。所有这些变量被包含于三个独立的多元回归中:16岁的智力表现、16岁的行为和16岁的情绪健康。智力表现与英国普通中等教育证书(GCSE)成绩相关联,行为来自长处与困难调查问卷(SDQ)的相关部分,情绪健康来自短期情绪与感受调查问卷(SMFQ)。所有决定性变量都需取孩子到16岁期间的平均值。各个回归的结果列示在图1.6(a)和(b)当中。

在图1.6(a)中我们给出了家庭变量对三种儿时成就的作用。令人震惊的是,智力表现的决定因素与行为和情绪健康的决定因素大不相同,而后两者的决定因素十分相似。

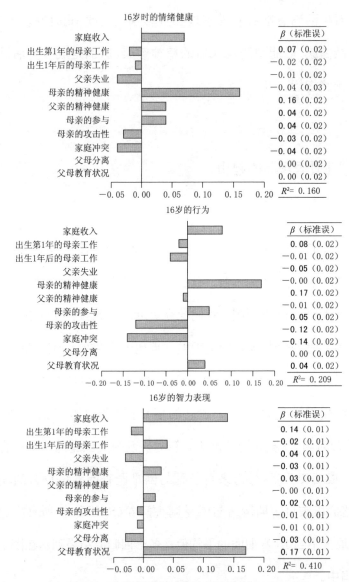

图 1.6(a) 家庭背景如何影响儿童在 16 岁时的表现
(英国埃文郡亲子纵向队列研究,ALSPAC)

注:括号内为稳健标准误。控制了出生时母亲的年龄、出生时父母的婚姻状况、性别、种族、是否为长子或长女、兄弟姐妹的人数、是否出生体重偏低、是否早产,以及小学和中学教育状况等固定效应。粗体表示 $p < 0.10$(双侧)。

资料来源:图 1.6(a)的线上完整表格。

我们从经济变量开始，例如家庭收入和家庭财务问题。这些对于智力表现非常重要，却对行为和情绪健康并不重要。父母的教育情况也存在同样的影响。⑬

然后我们来到棘手的问题：如果母亲参加工作，会对孩子产生怎样的影响。我们的结论证实了其他研究的发现，即如果母亲工作（孩子出生的第一年不计），平均来看孩子在学校的表现更好，但母亲工作对孩子的行为表现会有些许负向作用。而母亲工作对孩子的情绪幸福感没有显著影响。⑭

另一个关键问题是父母与孩子的交往方式。标准主张是父母必须(i)"介入"孩子的认知发展并且(ii)富有"权威"——温暖且适度严格。埃文郡研究有很好的父母介入和参与的数据（给孩子阅读、教导孩子、出门远行、给孩子唱歌）。这些对三种儿时成果都有好处。遗憾的是我们没有权威式教育的数据，但我们可以判别专制和攻击性的育儿（怒骂或打孩子）。这与糟糕的行为和不良的情绪健康有关（尽管这可能存在互为因果的作用）。

下一个问题是父母之间的联系。有清晰的证据表明，双亲的冲突会带来行为不佳和不幸福的孩子。家庭破裂（英国队列研究将其归为重要因素）的影响如何呢？答案是家庭破裂的测量结果很大程度上反映了家庭冲突，而家庭冲突与孩子幸福感高度相关。但倘若冲突已经存在，对于孩子来说，家庭破裂是否会令事情更糟？正如我们在第13章所述，这要看冲突有多严重。如果冲突很糟糕，离婚是有好处的；如果冲突比较平和,离婚会增加损伤。

最后,父母(尤其是母亲)的心理状态会对孩子产生怎样的影响?母亲的精神健康对孩子的学术表现影响相对较小,但对孩子的行为和精神健康影响巨大。父亲的精神健康总的来说影响不大。

所以父母很重要。那学校呢?许多人认为学校只会影响孩子的学术表现和行为,可能不会影响孩子的情绪健康,因为情绪健康极大程度取决于家庭。这个观点完全错误。在埃文郡研究中我们可以了解每个孩子在哪所小学与中学就读。在图 1.6(b)中我们可以看到学校带来了怎样的差异。[15]假定孩子的家庭环境保持不变,学校的影响是巨大的。甚至在孩子 16 岁时,小学依旧有持久深远的影响。对行为和情绪健康来说,小学和中学的影响同样巨大。

把学校和父母的重要性放在一起比较可能很有趣。但我们不能这么做,因为样本中每个学校都有许多学生,识别对所有这些学生的平均影响是可能的,但是此样本中每对父母只对应一个孩子。不过我们可以概括这些可识别的家庭特征的总体影响。如图 1.6(b)所示,家庭特征的影响程度与中学相似,意味着父母的真实影响一定更大。这自然要加上父母给孩子的基因影响。

16 岁时成果的决定因素告一段落。但儿时阶段是持续进行的。因此更早期的(如在 5 岁、11 岁时)成果决定因素也值得一看。在线完整表 10.1—10.3 有相关列示。决定因素与 16 岁时极其相似。

值得一提的是,我们可以追踪每个学生在 8 岁和 11 岁时的小学

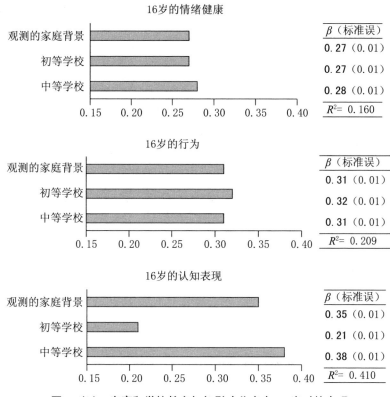

图 1.6(b) 家庭和学校教育如何影响儿童在 16 岁时的表现
(英国埃文郡亲子纵向队列研究,ALSPAC)

注:粗体表示 $p < 0.10$(双侧)。
资料来源:图 1.6(b)的线上完整表格。

老师带来的长期影响。首先,通过观测教师对学生情绪健康、行为和即期数学成绩的平均影响,我们可以测度每个老师给学生在该年度的教学中带来的"增值"。有趣的是,老师对学生情绪健康的影响比数学知识更多(基于可解释变量)。然后,我们可以证明老师在学生 8 岁和 11 岁时赋予学生的"增值"在他们 20 岁时依然有影响,不仅在进入高等教育阶段,并且在工作经历当中。详细论述参见本书第 14 章。

1.5 结论

从目前的论述来看,许多关键结论已然清晰。

- 收入只能解释人们幸福变化中的一小部分。

- 人际关系更为重要,特别是亲密的个人伙伴关系。

- 精神健康是解释人们幸福变化的最重要的单一因素。

- 如果我们回望童年,寻找快乐成人生活的最佳预测指标,应当
  是孩子的情绪健康和行为,这比他所获得的全部学历和资历都
  显著地重要。

- 孩子当然会受到父母的影响,特别是母亲的精神健康。但学校
  和孩子的老师同样会持久地影响孩子。

注释

① 埃文郡父母与子女的追踪调查(Avon Longitudinal Study of Parents and Children, ALSPAC)。研究的具体细节详见在线材料部分。

② 在盖洛普世界民意调查中,成人生活评价的差异有78%存在于国内,22%存在于国家之间(Helliwell, Layard, and Sachs, 2012,第2章)。

③ 每个个体都有两个观测值,分别在34岁和42岁。我们只涵盖了这两个年龄,此时他们的健康情况是用健康问题的数量测度的。除此之外,对30岁和26岁的回归方程式与对34岁和42岁的非常相似,参见 Flèche, Lekfuangfu 和 Clark(2017)。

④ 人口规模为 N,则人口对应变量 X 的标准差为 $\sqrt{\dfrac{\sum(X_i - \overline{X})}{N}}$。

⑤ 标准化变量的标准差均为 1。

⑥ 可由自变量解释的因变量方差的比重为:

$$R^2 = \sum_i \beta_i^2 + \sum_i \sum_j \beta_i \beta_j r_{ij} \quad (i \neq j)$$

其中,r_{ij} 为相关系数。

⑦ 已知 β 系数,使用在线描述性统计得出的标准差可以计算得到其对应的 α 系数。

⑧ 在双尾检验中。这等同于在 95% 的概率下进行单尾检验。每一次回归均使用提供因变量数据的全部受试者的数据。若对应的自变量数据存在缺失值,我们使用该变量的平均值进行替代。我们还引入了一个特定的虚拟变量来反映存在缺失值(多重插补法给出了非常相似的结论)。

⑨ 除了心理健康,我们在本书中没有检验性格对于幸福感的影响,这是因为它在很大程度上包含在心理健康的影响之中。由于个人的人生哲学很难通过大型调查所确定,因此我们也没有检验其对幸福感的影响,但它能够通过积极的心理和古老的智慧很好地实现覆盖。

⑩ 我们不测度 16 岁的智力表现,这是由于英国队列研究提供的仅为二元变量——个体是否获得了 O 等级,或者在普通中等教育证书考试(GCSE)中获得了经换算后相对应的 A* —C 等级。

⑪ 令人心神不安的评分。

⑫ 如果我们测度儿童在整个童年历程中的发展,那么情绪健康始终是最好的指标;参见 Layard,A.E. Clark 等(2014)。

⑬ 分别测度父亲和母亲双方在怀孕时点的最高学历。

⑭ 我们的分析针对任何工作形式,包括全职或兼职。

⑮ 换句话说,我们引入了一个学校虚拟变量,图 5(b)报告了学校虚拟变量的整体影响(这种影响等于学校虚拟变量的系数的标准差)。在第 14 章中,我们将分别研究小学对孩子小学成绩的影响以及在给定孩子小学毕业成绩的前提下中学教育的影响。

第一部分

什么铸就幸福的成人？

2 收入

财富就像海水，喝得越多，就感觉越渴。

——叔本华（Schopenhauer）

钱能买到更多的幸福吗？确实可以，但不像许多人认为的那么多。目前有两种都是错误的极端观点：一方面，有些不细心的研究声称金钱没有影响——如果我们把生活满意度作为成果，这种说法当然不对；另一方面，相当多的人认为更多的钱可以彻底改变他们的幸福水平——然而对大多数人来说，这也是错觉。

在所有幸福研究中，收入对幸福的影响都是被最佳估计的影响因素之一。本章我们给出证明。这是五个章节的开头，这五章都遵循一个相对标准的模式。每章选择一个影响因素（本章为收入），然后从英国队列研究给出的数据（大部分是截面数据）开始。然后转而分析来自英国、德国、澳大利亚的三个面板研究提取的个人时间序列数据和来自美国的截面数据。在追踪儿童早期经历如何影响每个因素之前，我们也会测度"社会比较"和"适应性"对每个因素的关键作用。

还有一个重要的总体观点。从现在起,我们不再用生活满意度的标准差(如同在第 1 章中)来衡量,而是采用从 0—10 的自然单位来测度生活满意度。这反映了本书的初衷——鼓励人们把幸福水平看做一个有单位的具体实体,让每一个政策制定者能够认识到、并作出努力将其最大化。我们有信心经过充分的阐释与披露,这会变成政策制定的标准做法。在 17 世纪,没有明确的温度概念,但今天我们知道 75 华氏度是什么样,也知道它和 32 华氏度有什么区别。大部分的汽车车主也确实了解很接近的温度水平之间的区别。这样的情况也会发生在生活满意度的度量上。

那么,什么带来幸福? 我们从收入开始讨论,不是因为收入是幸福水平的最重要决定因素,而是因为长期以来许多人都认为它是。也确实有些经济学家将"总收入"等同于幸福。[①]

如果人人都一样,且所有关乎幸福感的东西都能用钱购买,那收入水平自然等同于幸福水平。而这两个条件都是不现实的。我们生而不同。并且,我们会看到许多对我们来说非常重要的东西只是"发生了",而并非是我们的选择。用经济学语言表述,这是"外部效应",包括其他人的行为如何影响我们的体验以及大量会影响我们身心健康的非选择因素。此外,即使许多领域存在选择,也存在着"信息不对称"和不完全预见的问题,从而使幸福由差异于个体期望的选择决定。在这些领域,我们只通过直接研究来探究什么能够带来幸福。[②]

因此,幸福与收入是不同的。收入的确影响幸福,问题是影响的程度如何?

2.1 生活满意度

我们的第一个实证分析使用英国队列研究的数据,包含 1970 年 4 月的某周出生的人。③ 英国队列研究中的成人幸福感由以下生活满意度的问题测度:

> 测度范围是 0—10。"0"代表完全不满意,"10"代表完全满意。请在数字后的方框划勾,体现你对你至今的生活有多满意或者有多不满意。④

现在可以获得英国队列研究中的生活满意度信息,这些信息是在测试对象 26 岁、30 岁、34 岁和 42 岁时收集的。由于第 1 章中解释过的原因,⑤ 我们将分析集中在受试者 34 岁和 42 岁时的数据上。这个组别中生活满意度的标准差是 1.9。因此,任何将生活满意度改变 1 分的因素都是巨大的影响(偏离均值达 21%)。对个体来说,即使数值比均值仅高出 0.1 也意味着生活满意度提升了 2%。

2.2 收入与生活满意度

那么,额外的收入带来多少额外的生活满意度呢? 最接近的关系是自然单位度量的生活满意度和收入对数的关系。⑥也就是说,这意味着额外的 1 美元收入带来的幸福增加,会因个体原收入的不同而差异很大。事实上,幸福的增加与收入成反比例。当某个穷人从一个比他富有 10 倍的人那里获得 1 美元时,穷人会获得 10 倍于富人所损失的幸福。这被称为"收入的边际效用递减",它是 19 世纪经济学的信条,也是收入再分配的核心论点。无论是个人层面(参见后文的论述)还是国家层面(参见第 8 章),都有充分的证据证实上述结论。

但这种影响有多大? 收入不平等造成的幸福变化又有多大? 出于此考虑,英国队列研究中的收入由家庭中每个成年人的可支配收入度量。⑦⑧英国队列研究中,这样的收入分配近似钟形,形状并不完美但大体对称,如图 2.1 所示。收入对数的标准差是 0.74⑨(我们始终用"对数"指代"自然对数"的说法有些许不精确)。

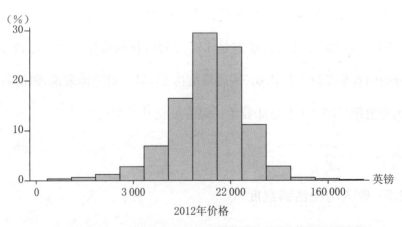

图 2.1　34 岁和 42 岁时的个人年度均等化收入分布(英国队列研究)

图 2.2 展示了收入和幸福的清晰关系,并按照收入和生活满意度

对所有成年人群进行了划分。如图 2.2 所示,人群中最富有的三分之一,只有 16% 的人生活满意度在 6 或 6 以下,而在最贫困的三分之一的人群中,这个比例是 29%。但是,收入对数和生活满意度的总体相关系数只有 0.05,收入对数的变化只能"解释"生活满意度变化的 0.25%。

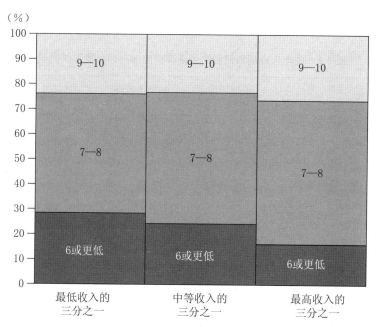

图 2.2 收入水平三等分的成年人的生活满意度分布(英国队列研究)

为了评估政策变化的影响,如果我们用自然单位(0—10)衡量额外收入如何影响生活满意度,那是最清晰的。如果我们用收入对数和年龄、性别(作为常数)衡量的生活满意度进行回归,表达式如下:

$$生活满意度 = \alpha_1 \log 收入 + 常数$$

由此估计的系数 α_1 是 0.3。我们在后文将会看到,在世界范围内估计出的系数相似。[10]如果这就是全貌，意味着如果将收入翻倍，将把生活满意度提高 0.21 分（收入翻倍，收入的对数增加 0.7）。

但这是对系数的最大化估计，因为其他的因素没有被平等的加入表达式。为此，我们要估计多元的回归关系。

$$\text{生活满意度} = \alpha_1 \log \text{收入} + \alpha_2 \text{学历} + etc.$$

表 2.1　成年人表现如何影响生活满意度(0—10)(英国队列研究)

	单位	横截面	面板
收入	ln	**0.20**(0.03)	**0.13**(0.04)
学历	标准差(指数)	**0.04**(0.02)	
有无失业	1, 0	**0.89**(0.13)	**0.35**(0.15)
无犯罪	逮捕情况数量(负)	**0.05**(0.01)	
有无伴侣	1, 0	**0.69**(0.03)	**0.40**(0.05)
身体健康		**0.12**(0.01)	**0.03**(0.02)
精神健康(滞后)	标准差(指数)	**0.35**(0.01)	
精神健康	标准差(指数)		**0.11**(0.02)
观测值数量		17 812	17 812
个体固定效应		否	是
R^2		0.147	
组内 R^2			0.018

注：年龄为 34 岁和 42 岁的成年人。括号内为稳健标准误。控制了 16 岁时的智力表现、行为与情绪健康状况；父母的受教育情况；家庭收入；父母的关心程度；母亲的心理健康状况；是否家庭破裂；母亲的工作情况；父亲的失业情况；兄弟姐妹的人数；婚后理念；性别；种族；是否出生体重偏低，以及年龄虚拟变量(42 岁)等因素。粗体表示 $p < 0.10$(双侧)。
资料来源：线上完整的表 2.1。

其中包含成年人表现、儿时表现和家庭变化的一组因素。回归结果列示于表 2.1 的第一列，再现了上一章的图 1.2，不过所有变量尽可能使用了自然单位,这在表头中有体现。现在,收入对数的相关系数从 0.3 降到了 0.2,反映了收入同生活满意度的其他决定因素(比如精神健康与家庭背景)之间的相关性。显然,这些因素中,有的(比如父母教育)仅作为干扰因素与收入相关,因此需要被包含在等式中。但有些因素(比如精神健康)自身可能会受收入的影响,进而"中介"了收入对生活满意度的影响。就此来说,这些变量的影响不应被移去,而这些中介变量不应被包含在等式中。如果我们能判断,这些因素对收入的影响有多大的中介作用,或者判定它们只是和收入相关(比如干扰因素),那自然很好。如果我们假定这些变量都是干扰因子,我们就能推定,若收入翻倍(其他情形不变)我们能将生活满意度提高 0.14分。[11]同样,如果收入提高 10%,我们能将生活满意度提高 0.02 分——相比于巨额投入而言效果不大。[12]

这是横截面分析相对标准的结果。但横截面分析通常任由忽略的个人变量摆布。这些被忽略的、不随时间变化的变量可以通过引入一个"个体固定效应"来控制,前提是我们可以获得对同一个人的两个或更多的观察结果。英国队列研究给出了个体 34 岁和 42 岁时的观测值,表 2.1 的第二列给出了用这些数据的固定效应分析结果。如同预期的那样,影响的估计值降低了,收入对数的影响从 0.2 降低到了 0.13。

然而,在英国、德国和澳大利亚,反复基于同样样本进行的家庭研究可以给出更好的面板数据,包括英国家庭面板调查(BHPS)[13]、德国社会经济面板数据(SOEP)、澳大利亚家庭、收入和劳动力动态调查(HILDA)。[14]这些不是出生队列调查,所以我们不能像英国队列研究那样包括儿时特征。这些面板数据也没有包括犯罪情况。但其他的变量都尽可能的与英国队列研究的定义接近。此外,我们通过行为风险因素监控系统(BRFSS)引入了美国的数据。它不是面板调查,却是基于不同人群的大型年度调查。在本章和随后两章,我们的研究对象限于工作年龄(即25—65岁)的个人。

表 2.2　收入的对数值如何影响生活满意度(0—10)(家庭面板数据)

	横截面	面板
英国	**0.16**(0.01)	**0.04**(0.01)
德国	**0.26**(0.01)	**0.08**(0.01)
澳大利亚	**0.16**(0.01)	**0.06**(0.01)
美国	**0.31**(0.01)	NA

注:年龄为25岁以上的成人。括号内为稳健标准误。回归控制了受教育年限、就业状况、伙伴关系、是否有子女、身心健康状况、相对收入、相对教育程度、相对失业状况、相对伙伴关系、年龄、年龄的平方、性别、年份以及地区等固定效应。粗体表示 $p < 0.10$(双侧)。

资料来源:线上完整的表 2.2。

结果列示于表 2.2 中。第一列为混合横截面分析结果,包括了每个样本的每个观测值,并在回归式中加入了时间和地域虚拟变量。这个截面结果与我们在英国队列研究中看到的相似。但英国和澳大利亚的固定效应估计都很小。[15]总会有测量误差和时间掌握的问题,实际结果可能位于横截面与固定效应结果之间。

放眼他国,表 2.2 中的横截面结果相当典型。如今大多数国家都在进行这样的分析,结果在线上的附录 2 中有所列示。这些分析往往会给出"收入对数对生活满意度(0—10)有正向影响"的结论,简单相关系数(没有"维持其他因素不变")大约在 0.3。若维持其他因素不变,相关系数接近 0.2。

2.3 伊斯特林悖论

如果一国的平均实际收入稳定增长,就像第二次世界大战之后大部分国家的实际情况那般,生活满意度应当同样稳定增长。然而在许多国家,包括美国在内,事实并非如此。图 2.3 列示了美国和其他三国的面板数据。在所有这四个国家中,人均收入稳定增长,而平均生活满意度并没有。[16]

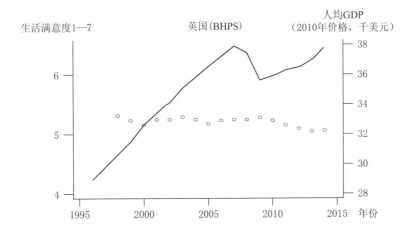

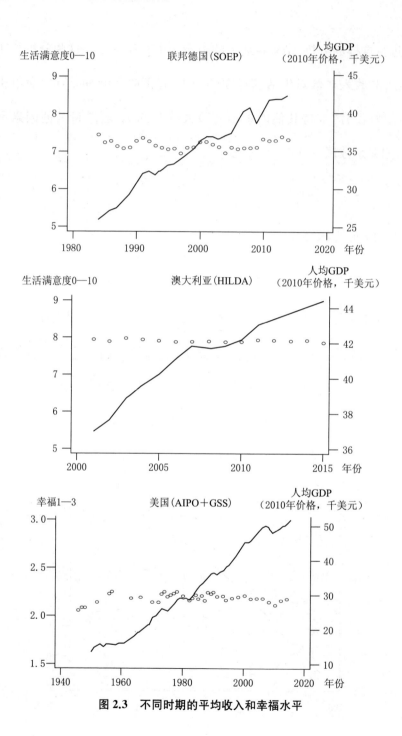

图2.3　不同时期的平均收入和幸福水平

这是在 20 世纪 70 年代首先由理查德·伊斯特林(Richard East-erlin)定义的悖论。[17] 该悖论包含两点典型事实：

- 一国之内的某一时点，富有的人一般更幸福。

- 一国之内，随着时间推移，每个人变得富有，人们却没有更加幸福。

第一点自然是真实的，就像我们看到的那样。第二点却仅在部分国家，而非全体国家当中成立。平均来看，世界的幸福增长了，世界也变得更加富有了。但在经济增长更高的国家，幸福就增加的更多吗？此处的答案存在争议。[18] 如果我们只看有长期幸福数据的国家，经济增长与幸福增长之间没有关系，不论这些国家都很富有还是都很贫困，或兼而有之。[19] 然而，若引入有短期幸福数据的国家，结果却不尽相同——在短期来看，似乎很难把幸福的周期性变化(这确实存在)与长期中经济增长的效果割裂开。

不论如何，我们没有人生活在"平均的国度"里，而在许多适用伊斯特林悖论的国家中，理解事情为何如此就很重要。诚然，有许多反向因素抵消了个人从收入增长中获得的益处。[20] 但有两点收入的固有属性或许在起作用，这两点都在伊斯特林的原始文章中有所提及：他假定有两个潜在的反向因素在起作用。

- 社会比较。如果他人变得更富有，会减少个体从既定收入中获得的愉悦。在极端情况下，人们只在乎相对收入，因此经济增长不会带来总体的幸福提升。

- 适应性。由于习惯和适应，个体以前的收入越高，从既定收入获得的愉悦就越低。如果存在"完全适应"，无论收入如何，只要维持此状态的时间足够长，人们的幸福感是相同的。但是收入不会存在"完全适应"，因为如果存在，较为富有的人就不会比较为贫困的人更加幸福，较为富有的国家也不会比较为贫困的国家更加幸福（如果其他情形相同）。

社会比较和适应是主要的隐含因素，限制了更高收入带来的益处。倘若同样受制于社会比较和适应，那同样的情形也会发生在教育、就业、配偶或健康上。所以在接下来的章节中，我们会探究社会比较和适应的范围。[21]这很重要，因为如果我们想提升人类幸福，我们必须特别注重那些社会比较与适应比较少的领域。

2.4　社会比较与适应性

俄罗斯有个农夫的故事，他的邻居有一头很好的奶牛。上帝问农夫需要什么帮助。农夫回答："杀掉这头奶牛。"在学术界，2008年有一个网站可以让加利福尼亚大学的全体雇员查到他们同事的工资。几乎没有人知道这是个实验，直到获奖的经济学家戴维·卡德（David Card）和同事通告了一些网页上存在的、随机选择的加利福尼亚大学雇员。[22]不久之后，他们对这些员工和一个对照组进行了调查。收入水平低于其岗位或部门平均水平的雇员,如果知晓网站的存在(因而会得知同事的工资),和不知晓相比,他们基本都会对自己的工作更加不满。

现在有许多关于社会比较的文献,公平起见应该需要一整本书来论述。[23]但克拉克、弗里吉特斯和希尔兹(Clark,Frijters,and Shields,2008)指出,与他人收入的比较在大多数人的生活满意度中占据重要地位。我们只能通过本书中使用的调查结果解释这些。

表 2.3　自身收入和相对收入如何影响生活满意度(0—10)
(家庭面板数据)(混合横截面)

	英国	德国	澳大利亚	美国
自身收入(对数)	**0.16**(0.01)	**0.26**(0.01)	**0.16**(0.01)	**0.31**(0.01)
相对收入(对数)	**−0.23**(0.07)	**−0.25**(0.04)	**−0.17**(0.06)	**−0.19**(0.03)

注:年龄为 25 岁以上的成人。括号内为稳健标准误。回归控制了受教育年限、就业状况、伙伴关系、是否有子女、身心健康状况、相对收入、相对教育程度、相对失业状况、相对伙伴关系、年龄、年龄的平方、性别、年份以及地区等固定效应。粗体表示 $p < 0.10$(双侧)。
资料来源:线上完整的表 2.3。

表 2.3 是标准混合横截面回归更加通用的版本,其中包括了收入、教育、失业、家庭构成的比较效应。我们使用相同性别、年龄、地域、年份人群的平均收入来对收入对数进行比较。[24]即便包含地域和年份的虚拟变量,相对收入的负向影响依旧清晰。影响的大小引人瞩目。在英国、德国和澳大利亚,相对收入的负向影响大致与自身收入的正向影响相同(甚至更大)。这意味着你在意的仅仅是你和你所比较的人

的相对收入。如果这是真的,经济增长并不能带来平均幸福感的增加,因为相对收入的平均值从定义上看是常数。在此情况下,只有降低收入的不平等才能增加平均幸福感。[25]

在美国,绝对收入也有影响,但是如果某人的收入增加,那么他的社会总效益将会大大低于他个人的私人效益。比如使用美国的估计值,当某人提高 10% 的收入,其幸福感将提升 0.031 分。但其他 N 个对照个体发现了他们的平均相对收入提高了 10%/N,他们总体降低的生活满意度为 N 乘以 0.17 乘以 10%/N,社会净所得为 0.031－0.017,大致为私人所得的一半。

在这里,有人可能会问:每个人都同等强烈地在意其他人的所得吗?或者当你境况优渥,而境况不佳的人又更在意他们的绝对收入时,这种比较会变得更加重要吗?在英国有相关的证据表明,收入最高的四分之一与收入较低的群体相比,比较收入对数的估计系数要低 0.05 分。[26]在德国同样如此,其涵义与我们已经指出的相同。

另一个问题是人们不将自己与平均的对照组相比,而是与特定的收入分配相比,比如与顶级的收入水平相比。这里我们必须在幸福回归式的测度中包含对不平等的测度(例如顶级收入相对于平均收入)。然而,厘清不平等对个体幸福的影响并不是特别成功,我们将在第 8 章予以讨论。[27]

表 2.4 自身收入、相对收入、自身前期收入如何影响生活满意度(0—10)
(家庭面板数据)(固定效应)

	英国	德国	澳大利亚
自身收入(对数)	**0.06**(0.01)	**0.19**(0.01)	**0.06**(0.01)
相对收入(对数)	**−0.09**(0.06)	**−0.12**(0.04)	0.01(0.04)
前三年收入(对数)	−0.02(0.02)	**−0.08**(0.01)	−0.01(0.01)

注:年龄为 25 岁以上的成人。括号内为稳健标准误。其他控制变量详见表格 2.3 的注释。粗体表示 $p < 0.10$(双侧)。

资料来源:线上完整的表 2.4。

那适应性呢? 这只能通过挖掘面板数据的时间序列部分来探究。所以我们在标准的个体固定效应回归中加入了一个变量——比较收入加上相当于我们过去三年收入对数的平均值(见表 2.4)。

正如预期的那样,所有的系数都降低了。在英国和德国,社会比较支配着适应,而在澳大利亚二者都很小。

2.5 什么决定个体的收入水平?

最终,家庭收入如何决定? 你早年生活的哪些方面可以预测你的生活水平? 为研究这些,我们回到英国队列研究,基于全部三类儿时表现和家庭背景,对均等化的收入进行回归。切记这并非个体收入的等式,均等化的家庭收入同样反映了伴侣的收入和家庭的规模。并且,基于我们已知的该个体的童年和背景,来解释作为结果的收入水平。主要的影响因素如表 2.5 所示。[28]

表 2.5　儿时表现和家庭背景如何影响收入的对数(英国队列研究)

	单位	β 系数	非标准化系数
智力表现(16)	1, 0	**0.15**(0.01)	**0.30**(0.02)
行为(16)	标准差(指数)	**0.02**(0.01)	**0.01**(0.01)
情绪健康(16)	标准差(指数)	**0.03**(0.01)	**0.02**(0.01)
家庭收入	Ln	**0.09**(0.01)	**0.12**(0.02)
父母教育	年数	**0.11**(0.01)	**0.04**(0.00)
父亲的失业	波动部分	**−0.02**(0.01)	**−0.08**(0.04)
母亲的就业	波动部分	0.01(0.01)	0.01(0.02)
双亲的投入	标准差(指数)	0.01(0.01)	0.01(0.01)
家庭是否出现破裂	1, 0	−0.00(0.01)	−0.00(0.02)
母亲的精神健康	标准差(指数)	0.01(0.01)	0.01(0.01)
兄弟姐妹数量	数量	−0.01(0.01)	−0.01(0.01)
是否为婚后怀孕	1, 0	−0.00(0.01)	−0.00(0.02)
是否为女性	1, 0	**−0.45**(0.01)	**−0.62**(0.01)
是否为白种人	1, 0	**−0.02**(0.01)	**−0.12**(0.05)
出生时体重是否偏低	1, 0	**−0.02**(0.01)	**−0.07**(0.03)
观测值		12 378	12 378
R^2		0.260	0.260

注:年龄为 34 岁和 42 岁的成人。括号内为稳健标准误。粗体表示 $p < 0.10$(双侧)。

不出所料,决定性的影响因素是孩子的智力表现。这仅由该个体在 16 岁时是否有 O 水准(A*—C 级)来度量。这一特征预示着你将获得额外 30% 的收入。[29] 相比而言,儿时的行为和情绪健康是成人收入的弱预测项。次好的预测项是父母的收入和父亲的失业。如果我们忽视儿时表现,相关家庭变量的影响会上升,但很轻微。

2.6 结论

我们谈及了许多方面,有三条结论很突出。第一,生活满意度 (0—10)与收入呈线性关系。这表示额外 1 美元对于穷人来说的价值,10 倍于比他富有 10 倍的人(在生活满意度的角度)。[30]幸福研究前,经济学家仅仅思考了收入的边际效用递减。现在我们可以测度它。

第二,收入的作用非常重要,因此收入会是我们主要的关注点。但大多数研究提出,倘若收入翻倍,人们只能获得不大于 0.2 分的生活满意度提升。

此外,在社会层面,如果每个人的收入都增加一倍,效果会差很多。因为收入对幸福的正向影响很大程度上取决于相对收入的影响。对整个社会来说,相对收入的平均值是不能改变的。

最后一条有重大的政策意义。它影响了所有以经济增长为目标的政策的重要性。[31]其中之一是教育政策,因为教育是决定个体收入的最重要因素。但教育是否像收入那样,同样直接影响幸福,我们接下来将会讨论。

注释

① 主要为实际时薪乘以工作时间,再加上资产收益(Becker,1964)。

② 参见 Layard(2011),第 9 章。

③ http://www.cls.ioe.ac.uk/page.aspx?&sitesectionid=795&sitesectiontitle=Welcome+to+the+1970+British+Cohort+Study+(BCS70).

④ 生活满意度作为主观幸福感的一种广泛度量指标,通过它与生理学和神经学各项指标存在的关联以及它对未来观察到的行为的预测能力,受制于一系列的有效性检验。部分验证工作可见 Clark,Frijters 和 Shields(2008)。英国队列研究关于生活满意度的问题与其他通用问卷有细微区别,但我们认为此问卷与其他标准问卷的表现相当。

⑤ 详见第 1 章第 3 节。

⑥ 参见 Layard,Nickell 和 Mayraz(2008)。

⑦ 我们用 OECD 模式计算等价家庭收入。该模式赋予第一个成人权重为 1,其他成人权重为 0.7,儿童权重为 0.5。一个由年收入为 5 万美元的单身成人构成的家庭的等价收入为 5 万美元。一个收入相同、由两位成人构成的家庭的等价收入为 29 400 美元(=50 000/1.7);而一个收入相同、由两位成人和两个孩子构成的家庭的等价收入为 18 500 美元(=50 000/2.7)。

⑧ 如果将孩子作为一个选择变量,进而收入以每位成人的收入计量,结果也非常相似。

⑨ 2012 年英镑的均值为 18 089 英镑,标准差为 14 728 英镑。

⑩ 参见在线附录 2。

⑪ $\alpha_1 \Delta \log$ 收入=0.20×0.7。

⑫ 0.20×0.10。我们还检验了这种效应是否会在收入最低点处变大,但并未发现收入对数效应存在非线性的证据[参见第 6 章以及 Layard,Nickell 和 Mayraz(2008)]。

⑬ 现称为了解社会调查(Understanding Society)。

⑭ 均为家庭可支配收入。

⑮ 线上表 A2.1 对 30—45 岁之间(英国队列研究年龄)的个体进行重复分析,结果固定效应估计值依然很小。

⑯ 使用欧洲晴雨表的其他数据参见线上图 A2.1。欧洲晴雨表的样本比图 2.3 要小得多。对于英国,我们有规模更大的 ONS 调查,调查显示 2011—2016 年生活满意

度呈现出温和而平稳的提升。

⑰ Easterlin(1974)。

⑱ 否定结论可见 Easterlin，Angelescu-McVey，Switek 等(2010)的第 5 章以及 Easterlin(2016)。肯定结论可见 Sacks，Stevenson 和 Wolfers(2012)。对这一争议的汇总可参见 Layard，A.E. Clark 和 Senik(2012)。

⑲ Easterlin，Wang，and Wang(2017)。

⑳ 尝试列集全部可能的因素，参见 Bartolini，Bilancini 和 Sarracino(2016)，第 8 章中也会进行讨论。另一个限制国民收入增长收益的因素是繁荣和萧条。正如 De Neve，Ward，De Keulenaer 等(即将出版)指出的那样，收入减少所带来的幸福感损失要大于收入增加相同数额所带来的幸福感提升。

㉑ 社会比较的关键表格是展示了混合截面数据的线上完整表 2.3。该表同时包含了全部社会比较。

㉒ Card et al.(2012)。

㉓ 一个问题是有关参照组。两种通常的选择是邻居(大多数选择，此处也是)或同事(或在劳动力市场上与个体相似的那些人)。参见 Clark 和 Senik(2010)，以及 Layard，Mayraz 和 Nickell(2010)。关于邻居的研究显示，幸福感会随着当地平均收入水平的下降而下降(Ferreri-Carbonell，2005；Luttmer，2005；Kingdon and Knight，2007)。大量关于同事的研究已经表明，幸福感与他人的收入呈负相关(G. Brown et al.，2008；Cappelli and Sherer，1988；Card et al.，2012；以及 Godechot and Senik，2015)。神经经济学的观点可见 Fließbach 等(2017)，假设偏好问题可参见 Solnick 和 Hemenway(2005)。

然而有些研究发现，幸福感随着他人收入的增加而提升。这可能与当地公共物品有关，与隧道效应有关(他人的好运为你带来自身的预期)，或者是利他主义。可参见 Clark，Kristensen 和 Westergård-Nielsen(2009)；Dunn，Aknin 和 Norton(2008)；Senik(2004)；Clark 和 D'Ambrosio(2015)。

㉔ 为了探究比较效应，我们重点关注使用混合横截面数据得到的结果。这是由于在固定效应分析中，比较收入的影响(如测量所得)在我们的样本中很大程度上取决于在地区间流动的人的信息——这是相当少的一部分人。

㉕ 此处假定平均比较收入由绝对收入的均值度量，而非收入的对数的均值。为了检验，我们对同时包含 $\log \overline{Y}$ 和 $\overline{\log Y}$ 的方程式进行回归。结果 $\log \overline{Y}$ 的影响远大于 $\overline{\log Y}$，后者在 4 个国家里的 3 个都不显著。

㉖ 参见线上表 A2.2 中每个国家的第二列。

㉗ 参见 Clark 和 D'Ambrosio(2015)。在很多方面,实验数据不像自然数据那样内涵丰富。在这里,研究不是基于幸福感的回归,而是陈述包含假想中的孙辈将会面对的收入分配(参见 Johannsson-Stenman, Carlsson and Daruvala, 2002),或者个人被要求说明他们愿意接受的从富人转移到穷人的"损失"的数量的漏桶实验(参见 Amiel, Creedy and Hurn, 1999)等虚拟情境的偏好。研究结论表明人们似乎对收入不平等存在偏好,这不仅是因为他们自己的收入或相对收入受到了影响。但是,确切地量化这种收入不平等的影响非常困难。

㉘ 完整结果参见线上表 A2.3。

㉙ 如果我们加入最高学历,回归方程式的 R^2 从 0.26 提高至 0.31;参见线上表 A2.3。

㉚ 若 H 为幸福感,Y 为收入,$H = \alpha \log Y$,则 $\mathrm{d}H/\mathrm{d}Y = \alpha/Y$。

㉛ 详见 Layard(2006)。

3 教育

我们必须教育我们的选民。

——罗伯特·洛（Robert Lowe），

英国财政大臣（1868—1873 年）

教育是通往职业的路径，这是教育之所以重要的主要原因。它有益于社会，因此社会为受教育者支付这些福利。在 20 世纪 50 年代，只有不足 10% 的英国人接受过高等教育，现在则接近一半。类似的教育激增在世界范围内出现（参见图 3.1）。所以，教育的主要作用是通往更高生产率、获得更高薪水的路径？抑或是说，教育本身就是一种善行？[1]

就像第 2 章讲到的那样，教育自然会提高收入。尽管接受高等教育的人数激增，此效应依旧被显著证实。显然，市场对受过教育的工作者的需求增长至少与其供给持平，至少在英国和美国是如此。[2]这种工资溢价，至少在一定程度上，促使人们接受高等教育。

但教育给人们带来的不只是收入的提升，它还为学生带来了潜在的愉快体验：它教育人们成为公民和选民，它促成了更多的税收，并减

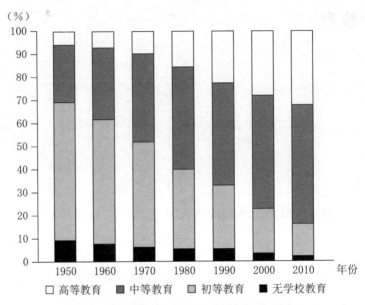

图3.1 发达国家成年人口中所受最高教育程度

注:发达国家是指:澳大利亚、比利时、加拿大、丹麦、芬兰、法国、冰岛、爱尔兰、意大利、日本、卢森堡、荷兰、新西兰、挪威、葡萄牙、瑞士、土耳其、美国以及英国。

资料来源:Barro and Lee(2012)。

少了犯罪(可参见第 7 章)。它为个体提供个人资源、有趣的工作、享受生活中的额外能力。[3]本章中我们将使用标准分析框架只研究最后一组"直接"益处。额外的教育对"我们有多享受生活"的直接影响是什么呢?

在英国队列研究中,我们采用的教育测度方式为学历。英国队列研究包含个体获得的最高学历信息——总共有五个级别[4],但我们需要创造一个单值连续变量。因此,我们用学历在工资方程中所占权重定义每种学历。[5]这是英国队列研究中我们用的学历量度,我们通常使用标准化的模式呈现它。在家庭面板研究中,我们更多地使用全职接受教育的年限度量教育，并把范围限定在 65 岁以下的人。为方便理解，1 标准差的学历大约等于 2.5 年的学校教育。[6]

3.1 教育如何影响生活满意度?

在英国队列研究中，假如不包含其他变量，教育与生活满意度紧密相关。如表 3.1 所示，每增加 1 标准差的教育，对应 0.19 分生活满意度的增加。

表 3.1 学历如何影响生活满意度(0—10)(英国队列研究)

	1 标准差学历影响
不保持其他变量恒定	**0.19**(0.02)
保持其他变量恒定	**0.04**(0.02)

注:年龄为 34 岁和 42 岁的成人。括号内为稳健标准误。第(2)行控制了收入;就业状态;犯罪情况;婚姻状况;身体健康状况;心理健康状况;16 岁时的认知、行为与情绪健康表现;父母的受教育情况;家庭收入;父母的关心程度;母亲的心理健康状况;是否家庭破裂;母亲的工作情况;父亲的失业情况;兄弟姐妹的人数;婚后理念;性别;种族;是否出生体重偏低;以及一个年龄虚拟变量。粗体表示 $p < 0.10$(双侧)。
资料来源:线上完整的表 3.1。

然而，这高估了教育本身对生活满意度的直接影响，原因有二。第一，这 0.19 分中有些是教育的间接影响——教育影响其他东西(例如收入)，进而影响生活满意度。这些是"中介"变量，反映了教育间接的真实影响。第二，有些变量与教育相关，并会影响生活满意度，比如父亲的失业情况。这些是"混淆"变量。

为获得教育对生活满意度的直接影响,我们需要把其他变量维持恒定。这样一来,1 标准差教育对幸福的影响大幅下跌至 0.04 分。可能看起来很小,但须记住的是,它持续时间很长。

此外还有通过其他因素(比如收入)的间接影响。这些教育的间接影响对幸福的影响有多少?为此需要进行"解构分析"。这是很有用的方法,我们将在本书的第二部分大量使用。思路很简单,并于线上附录 3b 中详细阐释。假设完整的回归方程为:

$$生活满意度＝a_1 教育＋a_2 收入＋etc.$$

同时我们估计简单关系:

$$生活满意度＝b_1 教育$$

其中 b_1 大于 a_1,差异是教育对收入影响的 a_2 倍,加上其他变量的相似条件。这些变量有的会成为"中介"变量,而有的会成为"混淆"变量(比如教育对父亲失业情况的影响显然不是因果关系)。

表 3.2 中列示了那些有充分理由的中介变量。教育和这些变量的关系,有的并非因果,但我们无法分离出"混淆"的部分。将整体作为一个中介效应,教育对幸福的总体影响如表 3.2 所示。此处的估计的总计值小于简单估计的 0.19,残差归因于混淆变量的作用(比如父亲失业情况)。

因此,英国队列研究分析的结论是教育自身对生活满意度有很小的、直接的正向影响,但更大的总体影响归因于通过收入和其他中介

表 3.2　学历如何影响生活满意度(0—10)(英国队列研究)

			1 标准差学历影响
直接影响			**0.04**
间接影响	通过:	收入	**0.03**
		非失业	**0.00**
		有伴侣	**0.00**
		无犯罪	**0.01**
		生理健康	**0.00**
		精神健康	**0.02**
总计			**0.10**

注:对于"分解分析"的完整阐述请参见线上资源中的附录 3b。其他额外的控制变量详见线上完整的表格 3.1。

变量的作用。[7]

　　和英国队列研究一样,家庭面板调查同样发现幸福感在一定程度受教育本身的影响。英国、德国、美国的估计值相似,澳大利亚的估计值事实上为负数(参见表 3.3)。

表 3.3　教育年限如何影响生活满意度(0—10)
(家庭面板数据)(混合横截面)

	英国	德国	澳大利亚	美国
受教育年数	**0.03**(0.00)	**0.05**(0.00)	**−0.01**(0.00)	**0.03**(0.00)

注:年龄在 25—64 岁的成年人。括号内为稳健标准误。控制的变量包括:收入、就业状况、婚姻状况、是否有子女、身心健康状况、相对收入、相对教育程度、相对失业状况、相对伙伴关系、年龄、年龄的平方和性别。粗体表示 $p < 0.10$(双侧)。
资料来源:线上完整的表 3.3。

　　综合这些中介效应,多一年教育将为一生中平均增加 0.07 分生活满意度,这是很有价值的贡献。⑧然而还有一个大问题:社会比较。在表 3.4 中我们将研究人们的生活满意度如何受相同年龄、性别、地域的其他人受教育年限的影响。

表 3.4　教育年限如何影响生活满意度(0—10)
(家庭面板数据)(混合横截面)

教育	英国		德国		澳大利亚		美国	
自身	**0.03**	**0.16**	**0.05**	**0.07**	**−0.01**	**−0.13**	**0.03**	**−0.02**
	(0.00)	(0.07)	(0.00)	(0.05)	(0.00)	(0.05)	(0.00)	(0.01)
他人	**−0.09**	**−0.27**	**−0.05**	**−0.02**	**−0.03**	**−0.14**	**−0.01**	**−0.06**
	(0.02)	(0.07)	(0.01)	(0.06)	(0.01)	(0.05)	(0.01)	(0.02)
自身×他人		**0.01**		**−0.00**		**0.01**		**0.01**
		(0.01)		(0.00)		(0.00)		(0.00)

注:年龄在 25—64 岁的成人。括号内为稳健标准误。其他额外的控制变量详见表 3.3 的注释。粗体表示 $p < 0.10$(双侧)。
资料来源:线上完整的表 3.4。

从各个国家第一列来看,他人受教育的效应一致为负向影响。⑨在英国,这比总的正向影响还大。在其他国家,影响同样可观。

这里发生了什么? 人们接受高等教育,仅仅是因为朋友们去了而自己不去会很受伤? 在每个国家的第二列,我们研究了此假设。的确有迹象表明,其他人接受高等教育越多,你自己接受高等教育所获得的幸福收益越多。

总之,额外的教育为个体带来了可观的(直接或间接的)益处,但会被同龄其他人所受教育的负向影响大量抵消。事情到此并未结束,还有其他的外部效应存在。

最重要的可能是培养了有学识、理性的公民与选民。第二是税收外部性。受过更多的教育带来更高的收入,从而带来更多的税收,可以用来提供更好的公共服务并提升其他家庭的可支配收入。若选择后者,一个人多接受一年教育,最多可以提升 0.01 分的社会收益。[10]最后,教育降低犯罪。我们将在第 7 章讨论犯罪的问题。基于这些估计,我们可以推出,一个人多接受一年教育能通过降低犯罪为整体人群带来 0.14 分的生活满意度。[11]如果分摊在 60 年的人生中,这对总体评分影响不大。作为教育者,我们曾希望普通教育扩张的理由比表面上的理由更加充分。[12]

3.2 教育成功的原因

最后我们回顾教育成功的原因。已有很多相关研究,但将英国队列研究纳入我们的整体框架仍然有用。[13]

我们的目标是解释个体的最高学历(通常用标准化的形式度量)。结果如表 3.5 所示。作为解释因素,我们包括了 16 岁时儿童发展的三个维度。在此,认知表现由单一变量度量,此变量反映了该个体是否有 O 水准(A*—C 级)。不出意料,16 岁时达到此水准的人,最终获得的学历水平比其他人高出将近 1 个标准差。不像情绪健康,行为也是很显著的预测指标。

表 3.5 儿时表现和家庭背景如何影响最高(标准化)学历
(英国队列研究)

	单位	β 系数	非标准化 RH 变量
认知表现(16)	1，0	**0.33**(0.01)	**0.94**(0.03)
行为(16)	标准差(指数)	**0.06**(0.01)	**0.06**(0.01)
情绪健康(16)	标准差(指数)	0.01(0.01)	0.01(0.01)
家庭收入	Ln	**0.10**(0.01)	**0.21**(0.03)
父母教育	年数	**0.19**(0.02)	**0.10**(0.01)
父亲的失业	波动部分	**−0.05**(0.01)	**−0.29**(0.06)
母亲的就业	波动部分	**−0.03**(0.01)	**−0.08**(0.04)
双亲的投入	标准差(指数)	**0.04**(0.01)	**0.04**(0.01)
家庭是否出现破裂	1，0	−0.02(0.01)	−0.05(0.03)
母亲的精神健康	标准差(指数)	**0.03**(0.01)	**0.03**(0.01)
同胞数量	数量	**−0.03**(0.01)	**−0.03**(0.01)
是否为婚后怀孕	1，0	**0.02**(0.01)	**0.08**(0.04)
是否为女性	1，0	0.02(0.01)	0.04(0.02)
是否为白种人	1，0	**−0.05**(0.01)	**−0.33**(0.09)
出生时是否体重偏低	1，0	−0.02(0.01)	−0.07(0.05)
观测值数量		8 943	8 943
R^2		0.232	0.232

注:年龄为 34 岁和 42 岁的成人。括号内为稳健标准误。最高学历以 42 岁时的情况来衡量。粗体表示 $p < 0.10$(双侧)。

资料来源:线上完整的表 A3.1。

家庭背景同样相关。如果你的家庭富有 3 倍,你的学历会平均高出 0.2 个标准差。若你的父亲持续失业,则你的学历会低 0.3 个标准差。其他变量没有这么大的影响,除了母亲的精神健康和身为白种人,这两点在本组中是教育劣势。[14]如果我们忽略儿时表现的影响,家庭变量对学历的影响会提升,但很轻微。[15]

3.3 结论

教育会提升个人和国家的收入水平。[16]但教育的作用仅仅如此吗？某种程度上，额外的教育本质上提升了受教育者整个人生的幸福水平，但这降低了人群中其他人的幸福感。教育降低犯罪的作用，我们将在第 7 章进行讨论。教育有希望对一国居民的城市生活带来积极影响，但我们无法研究一国内的个体数据。此外，如同将在第 14 章讲到的，教育的质量甚至比数量更加重要。

至此，我们讨论了大多数人认为的两个主要指标——更高的收入和更多的教育。我们发现二者对生活满意度的贡献比人们预期的要低。能否说与这些经济变量相比，我们低估了工作、家庭和社会中的人际关系的作用？这是我们接下来将讨论的内容。

注释

① 关于此问题的早期研究参见线上附录 3a。根据文凭主义的观点，所测 IQ 随着时间急剧增长（Pietschnig and Voracek，2015）。

② 美国的信息参见 Oreopoulos 和 Petronijevic(2013)，英国的信息参见 Blundell，Green 和 Jin(2016)以及 Walker 和 Zhu(2008)。

③ 这可能带来更多令人愉悦的（但薪水没有那么高）的工作。调查并没有对此提供数据。

④ 无学历，1 级（CSE 或 O 等级对应得分 D—G），2 级（O 等级对应得分 A*—C），

3 级(A 等级)以及大学学历及以上。

⑤ 我们首先运行以下回归式:

$$\text{Log } Y = \alpha + \sum_{j=1}^{5} \beta_j \, \text{Educ}_j + \text{etc.}$$

其中,Y 为收入,Educ_j 为各教育等级的虚拟变量。随后我们使用各教育虚拟变量的系数建立一个简单的连续教育变量。

⑥ 这是 BHPS 中接受教育年数的标准差。

⑦ 亦可参见 Oreopoulos 和 Salvanes(2011)。

⑧ 0.08=(0.03+0.05-0.01+0.07)/4+0.06/2.5。这可被转化为如下的收益率:每年 0.07 分生活满意度的货币等价物是 0.07/0.2 或 33% 的收入变动。牺牲一年的收入加上学费以获得一年教育是很好的年度回报。

⑨ 可参见 Nikolaev(2016)。

⑩ 假设个人收入增长 10%,税收增长一半即 5%,5% 收入增加的社会价值是 0.01(即 0.05×0.2)。

⑪ 1 标准差学历能够降低 30 岁群体 0.064 的定罪数。由于教育年限的标准差为 2.5,这意味着额外接受一年教育能够降低 0.026 的定罪数。但内政部数据显示犯罪/逮捕率为 3.6,英国队列研究数据指出逮捕/定罪率为 1.5。因此,额外接受一年教育能够降低 0.14 的犯罪数。如第 7 章所示,每次犯罪都会减少 1 分一年居民幸福感。

⑫ 许多观点指出受过教育的父母对孩子的影响。但正如我们所展示的,父母的教育主要影响孩子的学习成绩,而对孩子情绪健康的影响似乎很小。

⑬ ALSPAC 队列数据尚不能提供受访者的最高学历信息。

⑭ 只有 2% 的样本为非白种人。

⑮ 参见线上表 A3.1。

⑯ 参见 Barro 和 Lee(2015)。对个体而言,所谓的筛选假说认为受教育程度越高的人收入越高,这是因为受过良好教育是更高优先能力的一个简单信号;但有很多证据反对这一观点(参见 Layard and Psacharopoulos,1974;国家层面的相关证据可参见 Barro and Lee,2015 等)。

4 就业与失业

最令人难以接受的劳动就是什么都不做。

——理查德·斯蒂尔(Sir Richard Steele)

全职工作者至少要花费四分之一非睡眠时间用于工作。[①]但不幸的是，一般来看，人们从工作中获得的乐趣比做其他事情都要少。最糟糕的时光就是和老板在一起。[②]

即便如此，人们却还是更加厌恶失业。因为失业不仅仅会损失金钱，还会损失一些更加重要的东西——贡献感、归属感、被需要感。

本章我们会基于 65 岁以下的人群来研究上述问题。我们首先研究失业——会带来多少创伤？人们能否适应？会遗留什么问题？对当地失业率有何影响？何种因素决定了谁会失业？然后我们再研究工作的质量问题。

4.1 失业

在所有的幸福研究中，失业带来的痛苦都是最为翔实的发现之一。③大多数失业者都在挣扎,比他们在从业时更加艰难和痛苦。也就是说当他们回归工作时会变得更加幸福。④我们能从面板研究中非常清晰地证明这点。但首先我们使用英国队列研究,探究劳动力市场在不同的劳动状态下,人们会有多满足。

在表 4.1 中,我们控制年龄和性别不变,将各组的生活满意度与全职工作相比。如第一列所示,失业会导致幸福感下降惊人的 1.5 分。相比之下,自由职业者幸福感上升近乎 0.2 分。⑤然而,如第二列所示,当其他标准化变量(例如收入)全部引入时,失业对幸福的负向影响下降到1 分左右。因此失业带来的不仅仅是收入的损失,还有许多其他创伤。

表 4.1　劳动力状况如何影响生活满意度(0—10)(英国队列研究)

与全职职工相比	横截面	横截面	面板
失业者	**−1.55**(0.13)	**−1.06**(0.15)	**−0.30**(0.15)
兼职工作者	−0.01(0.05)	0.05(0.05)	0.09(0.07)
自由职业者	**0.19**(0.05)	**0.25**(0.09)	**0.34**(0.08)
非劳动力	−0.08(0.06)	−0.09(0.10)	**0.26**(0.09)
约束条件	年龄,性别	全部	全部＋固定效应

注:年龄在 25—64 岁的成人。括号内为稳健标准误。控制的变量包括:收入;学历;无犯罪记录;是否有伴侣;身体健康状况;心理健康状况;16 岁时的认知、行为与情绪健康表现;父母受教育情况;家庭收入;父母的关心程度;母亲的心理健康状况;是否家庭破裂;母亲的工作情况;父亲的失业情况;兄弟姐妹的人数;婚后理念;性别;种族;出生体重是否偏低;以及一个年龄虚拟变量(42)。粗体表示 $p < 0.10$(双侧)。
资料来源:线上与图 4.1 对应的完整表格。

如表 4.2 所示,类似的结果也能从英国和德国的面板数据中获得。⑥当对每个国家的所有数据进行汇总并进而截面分析时,在英国失业会降低 0.7 分生活满意度,在德国下降 1 分,在澳大利亚和美国则下降得更多。

表 4.2 （与全职职工相比）的劳动力状态如何影响生活满意度（0—10）
（家庭面板数据）

		英国	德国	澳大利亚	美国
混合横截面	失业者	**−0.70**(0.04)	**−0.99**(0.03)	**−0.31**(0.03)	**−0.45**(0.02)
	兼职工作者	0.03(0.02)	−0.03(0.02)	**0.08**(0.02)	NA
	自由职业者	**0.06**(0.03)	**−0.08**(0.03)	0.01(0.03)	**0.08**(0.01)
	非劳动力	**−0.29**(0.02)	**−0.10**(0.02)	**−0.04**(0.2)	**−0.23**(0.01)
面板	失业者	**−0.46**(0.04)	**−0.71**(0.03)	**−0.18**(0.02)	NA
	兼职工作者	−0.01(0.02)	**−0.11**(0.02)	0.01(0.01)	
	自由职业者	−0.04(0.03)	−0.04(0.04)	0.03(0.02)	
	非劳动力	**−0.14**(0.03)	**−0.14**(0.02)	**−0.04**(0.02)	

注：年龄在 25—64 岁的成人。括号内为稳健标准误。控制的变量包括：收入、教育年限、婚姻状况、是否有子女、身心健康状况、相对收入、相对教育程度、相对失业状况、相对伙伴关系、年龄、年龄的平方、性别、年份和地区虚拟变量。粗体表示 $p < 0.10$（双侧）。

资料来源：线上完整的表 4.2。

　　然而，所有的横截面分析都因受到遗漏的个人变量的影响而产生有偏估计。我们可以通过引入个体固定效应来去除此偏差。这样的估计值可给出每次个体改变他们劳动状态时的平均效应。我们估计，与全职工作者相比，在英国失业者会降低 0.3—0.4 分生活满意度（如表 4.1 和表 4.2 所示），德国的估计值更高，约为 0.7，澳大利亚的估计值较低，在 0.2 左右。

4.2　适应性与伤疤

　　倘若失业带来创伤，过一段时间你会有所适应、不那么痛苦吗？

答案是否定的。这是早期文献的结论,⑦此处我们使用家庭面板数据进行研究。⑧

我们对样本中那些至少经历过一段失业的个体进行研究,观察他们在第一次失业开始前的几年以及其后几年(直到下一次失业为止)的幸福水平。⑨基于整个样本,我们现在估计一个标准回归式,度量这些年的生活满意度,使用固定效应来去除选择偏差。⑩回归式告诉我们在失业到来前的几年,样本平均的生活满意度状况,以及一年后、两年后、三年后、四年甚至更久之后依旧失业时这些人的幸福状况。结果标绘于图 4.1 中。

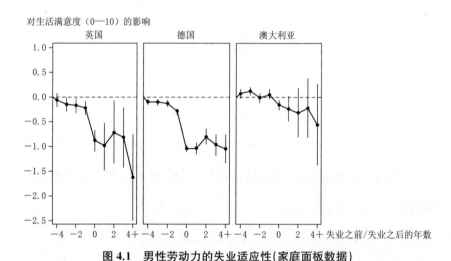

图 4.1　男性劳动力的失业适应性(家庭面板数据)

注:0 值对应于失业前的 4 年以上。年龄在 25—64 岁的男性,控制的变量包括收入、婚姻状况、是否有子女、年龄、年龄的平方、年份和地区虚拟变量。垂直带代表每个点估计的标准误的 1.65 倍。

资料来源:线上完整的表 4.3。

如图 4.1 所示,在英国和德国,失业的发生降低了约 1 分的生活满意度,只要该个体依旧保持失业,生活满意度就会维持在至少如此低的水平。三个国家的个体都没有出现对失业的适应性。

如果一个人被重新雇用呢? 失业的经历是否会持续降低生活满意度? 这就是"伤疤"的问题。为此我们通过在回归式中引入反映一个人之前失业总次数的变量来研究。在英国队列研究中,我们有一份完整的 30 岁时个人自加入劳动力大军以来失业时间占比的记录。将这一数据引入标准回归式后,带来了 -1.47 的系数(标准误=18)。这意味着之前失业的每一年,都会造成现在生活满意度降低 0.1 分(1.47/14)——是当时失业造成痛苦的十分之一。

相似的估计结果同样可从家庭面板数据中获得。在表 4.3 中,我们给每个混合横截面回归式加入了一个表示个体在过去五年中失业时间比重的变量。[⑪]估计系数都在 0.6 左右,再次表明之前失业的每一年,都会降低现在的生活满意度 0.1 分左右。因此失业造成的痛苦不止在当时,随后几年也会有较小的影响,即使已经回归工作状态。[⑫]

表 4.3　现期和前期失业对生活满意度的影响(0—10)
(家庭面板数据)(混合横截面)

	单位	英国	德国	澳大利亚
现期失业	1, 0	**-0.74**(0.07)	**-0.82**(0.03)	**-0.37**(0.04)
前期失业	0—1	**-0.44**(0.13)	**-0.73**(0.05)	**-0.53**(0.10)

注:年龄在 25—64 岁的成人。括号内为稳健标准误。控制的变量包括:收入、教育年限、婚姻状况、是否有子女、年龄、年龄的平方、性别、年份和地区虚拟变量。粗体表示 $p < 0.10$(双侧)。

资料来源:线上完整的表 4.3。

4.3 当地失业

当工作稀缺时会导致部分人失业,从而导致更多人的恐慌和不确定感,即便他们当时有工作。因此,一个区域的失业上升会降低该区域受雇人群的生活满意度。表 4.4 的第一行展示了此效应。[13]数据表明,在英国 10% 的当地失业率会降低受雇人群 0.14 分的生活满意度——在德国更高、而在澳大利亚较低。

表 4.4 自身失业与地区失业率对生活满意度的影响(0—10)
(家庭面板数据)(混合横截面)

	单位	英国	德国	澳大利亚	美国
自身失业	1, 0	**−0.73**(0.09)	**−0.93**(0.07)	**−0.48**(0.11)	**−0.49**(0.060)
地区失业率	0—1	**−1.38**(0.56)	**−1.58**(0.36)	−0.37(0.42)	**−1.44**(0.47)
地区失业率 * 自身失业	(0—1) * (1, 0)	0.38(1.36)	−0.67(0.75)	2.85(1.74)	0.93(1.18)

注:年龄在 25—64 岁的成人。括号内为稳健标准误。其他额外的控制变量详见表格 4.2 的注释。粗体表示 $p < 0.10$(双侧)。地区失业率基于同年龄和性别组。
资料来源:线上完整的表 4.4。

同时,对失业者来说,高失业率降低了他们失业的羞愧感,拓展了他们可沟通的社会群体。[14]这对提升失业者的生活满意度有帮助吗?我们在表格的第二行研究此问题,答案是肯定的,但帮助不是很大。例如,在英国,用表 4.4 最下两行的数据我们可以得出:若当地失业率为 10%,失业者总计要承受共计 0.69 分的生活满意度损失(即 0.73—

0.038），当失业率为零时，他们的损失为 0.73 分。虽然在德国和澳大利亚估计的相互作用更大，但也并没有起到显著的宽慰作用。因此我们得出结论，社会比较对失业影响的作用不大。

然而，个体失业对其余人群的溢出影响十分严重。当我们观察个体失业对社会总幸福感的损害时发现，对失业者产生 0.7 分的影响，而对其余人群总计会产生额外 2 分的影响。[15]

基于此分析，失业表现出绝对的不良影响。它会降低幸福感，且这种负向影响并不会因适应和社会比较而缓和。

4.4　个体失业的原因

什么因素决定了哪些个体会失业？[16] 这一问题的重点在于谁有失业经历，而非在某个特定时点谁失业了。为解释人生历程的幸福感，我们需要解释人生历程中出现的失业，或者至少了解多年来的失业时间比例。如我们所见，英国队列研究给出了个体 30 岁前的全部失业史。在表 4.5 中，因变量是个体失业的时间占比，即他们的平均失业率。为简化表述，此处我们用百分比，而非比例。

表 4.5 中，第一列给出 β 系数。如表中所示，个体失业率的最主要单一决定因素是其父亲的失业率（此处测度的效应，将儿时表现保持恒定，但这对家庭变量的影响不大）。来看第二列，如果个体父亲的失

表 4.5　儿时因素如何影响个体 30 岁前失业时间的比例
（英国队列研究）

	单位	β 系数	非标准化全部变量
智力表现(16)	1, 0	**−0.04**(0.01)	**−1.40**(0.41)
行为(16)	标准差（指数）	**−0.06**(0.02)	**−0.71**(0.20)
情绪健康(16)	标准差（指数）	**−0.04**(0.01)	**−0.47**(0.17)
家庭收入	Ln	**−0.03**(0.01)	**−0.81**(0.34)
父母教育	年数	0.02(0.01)	0.15(0.08)
父亲的失业	波动部分	**0.09**(0.02)	**6.39**(1.26)
母亲的失业	波动部分	**−0.05**(0.01)	**−1.94**(0.42)
双亲的投入	标准差（指数）	**−0.04**(0.01)	**−0.43**(0.17)
家庭是否出现破裂	1, 0	0.01(0.01)	0.54(0.45)
母亲的精神健康	标准差（指数）	−0.03(0.01)	−0.31(0.17)
同胞数量	数量	**0.04**(0.01)	**0.39**(0.15)
是否为婚后怀孕	1, 0	0.02(0.01)	0.71(0.46)
是否为女性	1, 0	**−0.07**(0.01)	**−1.69**(0.26)
是否为白种人	1, 0	−0.01(0.01)	−0.70(1.24)
出生时是否体重偏低	1, 0	−0.00(0.01)	−0.24(0.60)
观测值数量		9 811	9 811
R^2		0.046	0.046

注：年龄为 34 岁和 42 岁的成人。括号内为稳健标准误。粗体表示 $p < 0.10$（双侧）。

业率是 10％，与其父亲从未失业的个体相比，该个体的失业率一般会高出 0.6％。由此看来，代际之间的传递比例（由 0.09 的 β 系数衡量）并不大。[17]

4.5　工作的质量

人们享受工作吗？直到最近，社会科学才证实，与其他诸多活动相比,人们实际上有多不喜欢工作。这是通过时间运用调查发现的,其先驱包括诺贝尔奖得主、心理学家丹尼尔·卡尼曼(Daniel Kahneman)。表 4.6 给出了他的团队的首个基于大约 900 名得克萨斯州女性时间运用调查结果[18],她们被要求像电影那样将前一个工作日分为不同片段:她们通常会定义大约 14 个片段。随后她们要报告每个片段她们在做什么并且和谁在一起。她们也会被问到每个片段的感受,沿着 12 个维度,可以结合成一套或好或坏感受的单一指标。

表 4.6　基于得州女性样本的不同活动的幸福感

活动	平均幸福感	日均小时数
性	4.7	0.2
交际	4.0	2.3
闲暇	3.9	2.2
祷告/礼拜/冥想	3.8	0.4
饮食	3.8	2.2
锻炼	3.8	0.2
看电视	3.6	2.2
购物	3.2	0.4
准备食物	3.2	1.1
电话聊天	3.1	2.5
照看孩子	3.0	1.1
电脑/邮件/网络	3.0	1.9
家务	3.0	1.1
工作	2.7	6.9
通勤	2.6	1.6

注:同一时间可以同时进行多项活动。
资料来源:Kahneman, Krueger, et al.(2004)。

　　表中列出了她们最喜欢的活动(性),以及她们不那么喜欢的活动。而在最下方的正是工作。此处的数据是基于全部工作时间的平均值。

自此,这一发现在诸多更具代表性的样本研究中得到证实,包括美国官方的《美国人时间使用调查》。[19] 工作往往非常接近列表的最底端。

同样令人痛苦的是人们和老板在一起的感受。如表 4.7 所示,得克萨斯州女性一天中最糟糕的时间是她们和老板在一起的时间。在更加有代表性的样本中同样发现了此现象。[20] 显然,大部分老板没能激励他们的下属、没能让下属感到被赞赏和尊重。这为现代管理方法引出了新的问题。

表 4.7 与不同人互动时的幸福感(以得克萨斯州女性为样本)

与谁互动	平均幸福感	每日平均小时数
朋友	3.7	2.6
亲属	3.4	1.0
伴侣	3.3	2.7
孩子	3.3	2.3
客户/消费者	2.8	4.5
同事	2.8	5.7
独自	2.7	3.4
老板	2.4	2.4

注:同一时间可以同时进行多项活动。
资料来源:Kahneman, Krueger et al.(2004)。

毫无疑问,与更长的工作时间相比,人们更喜欢较短的工作时间。图 4.2 展示了基于 4 个国家的家庭面板数据研究不同工作时长对个体生活满意度的影响。结果显示,在所有这些国家中,控制其他因素(包括家庭收入)不变的条件下,工作时间越短人们的满意度越高。一周工作超过 50 小时的人比一周工作 11—20 小时的人,生活满意度会降低近 0.2 分。

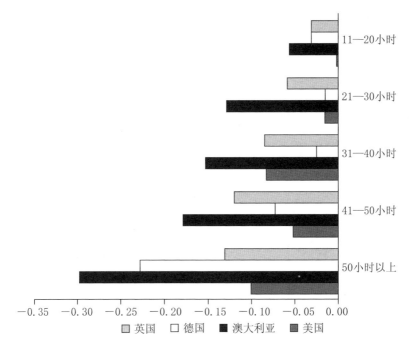

**图 4.2　每周工作时长(与 0—10 小时进行比较)如何影响生活满意度(0—10)
(家庭面板数据)(混合横截面)**

注:年龄在 25—64 岁的成人。样本仅限定为有报酬的工人。其他额外的控制变量详见表 4.2 的注释。

资料来源:线上与图 4.2 对应的完整表格。

怎么能让工作变得有趣? 显然任何商务活动都是为了赚钱。唯一的目标是不能让职工甚至消费者开心。但越来越多的证据表明,让职工被吸引、让职工开心确实能帮助厂商更好的赚钱。举例来说,有人(基于对雇员的调查)研究了 1985 年被认为是"百佳工作场所"的 100 家美国公司,跟踪了接下来 25 年这些公司的股价,并与其他的美国公司股价进行比较。25 年后,投入这百佳工作场所的资金,比投入其他公司的资金增值了 50%。[21]

那么,是什么决定了一个公司是好的工作场所? 这是公司自己的大课题。简而言之,好的工作场所需要提供:

- 良好的组织机构,包括:

  清晰的工作目标;

  充分的工作自主权;

  支持和赞赏;

  充足的技能和时间;

  足够的工作多样性;

  工作安全。

- 良好的生活与工作平衡,包括:

  合理的工作时间;

  为家庭目标的弹性。

- 良好的薪水、晋升前景和工作安全。

这背后有大量的关于工作满意度的研究。[22]但真正的考验是工作场所能否让个体对他们的整体生活感到满意。目前极少有针对工作场所对整体生活满意度影响的研究。

为此,欧洲社会调查(European Social Survey,2004,2010)是很

好的资源,它涉及工作场所各个方面的详细问题。表 4.8 的研究对象是雇员,给出了生活满意度(0—10)基于之前列示的一系列标准因素的回归结果。有趣的是,所有因素的影响规模相似,且都很可观。[23]在这些欧洲国家,有关"工作—生活平衡"的问题是对生活满意度极强的预测指标。所以若想提升工作场所的氛围,该表为雇主们提供了充足的建议。[24]

表 4.8　工作场所质量的不同指标如何影响生活满意度(0—10)
(欧洲社会调查)

工资(对数)	**0.19**(0.06)
每周工作小时数	−0.14(0.19)
主管	**0.10**(0.04)
工作是安全的	**0.23**(0.03)
晋升机会良好	**0.25**(0.06)
工作高度自主	**0.23**(0.02)
工作富于变化	**0.25**(0.03)
同事的支持	**0.27**(0.03)
时间紧张	**−0.11**(0.03)
工作妨碍家庭生活	**−0.49**(0.04)
在家担忧工作	**−0.32**(0.04)
工作是危险的	**−0.37**(0.06)
国家与波动虚拟变量	是
两位行业虚拟变量	是
两位职业虚拟变量	是
观测数量值	21 590
R^2	0.273

注:年龄在 25—64 岁的成人。括号内为稳健标准误。控制的变量包括:性别、年龄、年龄的平方、教育年限、移民状况、婚姻状况以及子女数量。右侧的全部变量均为(1,0)虚拟变量。粗体表示 $p < 0.10$(双侧)。

资料来源:线上完整的表 4.8。

使用表 4.8 中的系数,我们可以为每个样本计算出工作质量指数,进而我们可以计算出 1 标准差的工作质量指数可以影响多少生活满意度——能够提高 0.4 分,可以说是很显著的影响了。

4.6 结论

如果要让工作变得有趣很重要,则更为重要的是,要确保让真正期待这点的人获得这点。失业是最令人感到挫折的经历之一,无法令人适应,并会留下心理阴影。公共政策不仅应当稳定失业率,更应该永久性的降低失业率。这是经济政策最重要的目标。现在是时候超越经济学的领域,进入人们私人生活的世界了。

注释

① 比如在发达国家,一年 6 000 小时中有 1 600 小时在工作。

② Kahneman, Krueger, et al. (2004); Krueger, Kahneman, Schkade, et al. (2009).

③ 经济学家关于此前两个早期论证参见 Clark 和 Oswald (1994) 以及 Winkelmann 和 Winkelmann(1998),也可参见线上附录 4。

④ 因此在某些程度上失业是非自愿的,因为在无摩擦的经济中他们本可以选择立刻回归工作。然而,失业的持续时间受到失业者收入替代率的影响,情况受制于得到的收益。关于这些问题可参见 Layard, Nickell 和 Jackman(2005)以及 Pissarides(2000)。

⑤ 关于自雇,可参见 Blanchflower 和 Oswald(1998)以及 Colombier 和 Masclet (2008)。

⑥ 30—45 岁之间的数据，可参见线上表 A4.1。

⑦ 现有文献的研究结果没有发现对失业适应的相关证据。这适用于基于德国社会经济面板（SOEP，Clark，Diener，Georgellis，and Lucas 2008），英国家庭面板调查（BHPS，Clark and Georgellis，2013），俄罗斯纵向监测调查（RLMS，Clark and Uglanova，2012），韩国劳动和收入面板调查（KLIPS，Rudolf and Kang，2015）中关于男性的部分（对于女性，没有充分的数据以得出此结论）以及澳大利亚家庭，收入和劳动力变动调查（HILDA，Frijters，Johnston，and Shields，2011）等各种数据分析。Lucas 等（2004）的研究指出 SOEP 数据中仅有部分对失业的适应，Anusic，Yap 和 Lucas（2014）使用瑞士家庭面板（SHP）调查得到的结论相同，但这两个研究没有使用非参数统计方法，而是采用了参数统计方法。详见线上附录 4。

⑧ 回归方法与 Clark，Flèche 和 Senik（2014）的相同。

⑨ 我们将对此有任何不了解的个体全部排除在外。

⑩ 控制变量包括婚姻状况、孩子、收入、年龄、年龄的平方以及地区和时间虚拟变量。

⑪ 严格来说此变量应为失业出现时波动的比例。我们也试图将此变量引入面板回归之中，但它对于每个个体的变化不够大，不能产生合理的分析结果（只选取过去 5 年的数据也多少有些随意）。

⑫ 可参见 Clark，Georgellis 和 Sanfey（2001）；Ruhm（1991）。

⑬ 可参见线上完整表 A2.2。

⑭ 可参见 Clark（2003）；Clark，Knabe 和 Rätzel（2010）；Powdthavee（2007）。这自然也增加了工作的竞争。

⑮ 0.138/0.70。此处假设 65 岁以下的劳动力参与率为 70%。Di Tella，MacCulloch 和 Oswald（2003）估计受雇者承担了损失的四分之三，可参见线上附录 4。

⑯ 总体失业率由许多影响回归方程式的其他个体因素决定。可参见 Layard，Nickell 和 Jackman（2005）。

⑰ 简单相关系数为 0.12。

⑱ Kahneman，Krueger，et al.（2004）.

⑲ Krueger（2007）；Krueger，Kahneman，Fischler，et al.（2009）.也可参见 Krueger，Kahneman，Schkade 等（2009），表 1.3、表 1.6、表 1.9 以及 Bryson 和 MacKerron（2017）。

⑳ Krueger，Kahneman，Schkade 等（2009）的表 1.10。

㉑ Edmans（2011），Edmans（2012）.

㉒ 可参见 Clark(2001)，Clark(2010)，OECD(2013b)，Clark(2011)，Lundberg 和 Cooper(2011)，Robertson 和 Cooper(2011)。

㉓ 工作时长的影响被家庭生活的问题所掩盖。

㉔ 实际效果与英国家庭面板调查中人们对工作中什么对他们重要的说法相当一致，可参见 Clark(2011)。

5 建立家庭

婚姻是项伟大的制度,但我还没准备好。

——梅·韦斯特(Mae West)

大多数人会想要伴侣,并且希望在适当的时候生儿育女。出于能否带来满足感和充实感的考虑,他们是正确的吗?对任何以支持民众获得幸福生活为目标的公共政策来说,这都是重要的命题。

生命历程数据为此提供了重要支撑。它们明显展示出亲密私人关系对生活满意度有多重要。当涉及孩子的问题时,答案就很微妙了。

5.1 配偶、分居与丧亲

根据家庭状态的不同,我们的研究把个体分为如下几类:

已婚;

同居;

分居（已婚但不与配偶同住）；

离婚（未再婚）；

丧偶；

单身。

早些年极少有人"同居"：他们直接结婚。但在最近50年，同居变得越来越常见。在英国，三分之一的孩子都出生自同居未婚的情侣。[①]因此，从实用的角度，我们把极其相似的前两组归入"有伴侣"一组。

同样，分居和法律上的离婚也没有很大区别，因此我们把这两组合并为通用的"已分居"。分居可以出现在任何年龄，但丧偶随着年龄增长而更为普遍，因此本章我们包括了全年龄段的成人。图5.1展示了英国各年龄段家庭状况的占比。

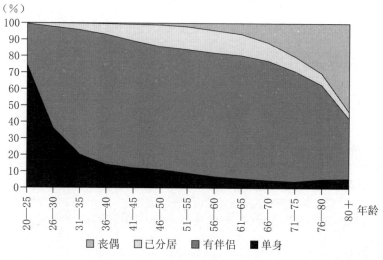

图 5.1 英国各年龄段的家庭状况占比

资料来源：UKHLS，2010—2015。

你是单身(按照我们的简略分类)、有伴侣、已分居还是丧偶,这会有多大区别? 我们先用英国队列研究的数据进行研究(参见表5.1)。

表 5.1　家庭状况如何影响生活满意度(0—10)(英国队列研究)

与单身相比	横截面	面板
有伴侣	**0.77**(0.04)	**0.34**(0.06)
已分居	−0.11(0.06)	−0.16(0.10)
寡　居	**−0.44**(0.33)	**−0.97**(0.46)

注:年龄为34岁和42岁的成人。括号内为稳健标准误。控制的变量包括:收入;学历;无犯罪记录;就业状况;身体健康状况;心理健康状况;16岁时的认知、行为与情绪健康表现;父母的受教育情况;家庭收入;父母的关心程度;母亲的心理健康状况;是否家庭破裂;母亲的工作情况;父亲的失业情况;兄弟姐妹的人数;婚后理念;性别;种族;是否出生体重偏低;以及一个年龄虚拟变量(42)。粗体表示 $p<0.10$(双侧)。

资料来源:线上完整的表5.1。

在横截面数据中,维持其他条件不变,有伴侣比单身要幸福0.8分。丧偶自然是令人悲痛的,特别是在你三四十岁时。在第二列的面板数据分析中,这种悲痛更加明显。相比而言,有伴侣的系数在面板数据中有所下降,因此这部分横截面系数反映了本身更加幸福的人更有可能和伴侣在一起。

然而,我们从全年龄段的家庭面板数据找到了更多关于家庭和孩子的依据。结果如表5.2所示。在横截面数据下,有伴侣的影响大约在0.5分,在面板数据下约为0.2分。分居的负向作用明显——在横截面数据下比有伴侣要低0.6分,面板数据下大约是横截面的一半。因死亡失去伴侣的影响大约是0.4分。

表 5.2 （与单身相比）家庭状态如何影响生活满意度(0—10)
（家庭面板数据）

		英国	德国	澳大利亚	美国
混合横截面	有伴侣	**0.59**(0.03)	**0.29**(0.03)	**0.47**(0.03)	**0.49**(0.01)
	已分居	**−0.15**(0.04)	0.03(0.03)	**−0.16**(0.05)	**−0.04**(0.01)
	丧偶	0.11(0.08)	0.06(0.07)	**0.18**(0.10)	**0.07**(0.01)
面板	有伴侣	**0.28**(0.05)	**0.14**(0.03)	**0.30**(0.03)	
	已分居	**−0.12**(0.07)	0.01(0.04)	**−0.21**(0.04)	NA
	丧偶	−0.02(0.12)	**−0.32**(0.14)	−0.15(0.13)	

注：年龄在 25 岁以上的成人。括号内为稳健标准误。控制的变量包括收入、教育年限、就业状况、是否有子女、身心健康状况、相对收入、相对教育程度、相对失业状况、相对伙伴关系、年龄、年龄的平方、性别、年份和地区虚拟变量。粗体表示 $p < 0.10$(双侧)。

资料来源：线上完整的表 5.2。

5.2 适应性

但是你会适应一段关系的结束吗？或者你会适应一段关系的开始吗？图 5.2—图 5.4 给出了我们的关键结论。此处使用了与第 4 章失业相似的估计方法。

结论是令人震惊的。如图 5.2 所示，开启一段亲密关系的人，通常会年复一年地乐在其中。在英国和澳大利亚，无论男女几乎都不存在所谓适应性或习惯，尽管在德国似乎有一些。每个国家都自然存在一点求偶效应：当亲密关系来临时，人们变得更加兴奋。

乍一看，这与大部分早期研究婚姻影响的成果相矛盾。[②] 其实不然，因为在此我们集中关注更为相关的变量，在"有伴侣"中包括了同

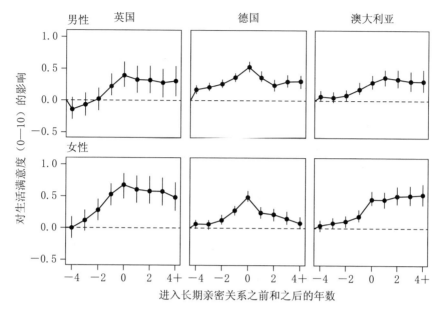

图5.2 对亲密关系的适应(家庭面板数据)

注:年龄在25岁以上的成人。所有影响都是相对于同一个人在其进入新的状态之前五年或更长时间内测量的,并保持其他条件不变。控制变量包括:收入、就业状况、是否有子女、年龄、年龄的平方、年份和地区虚拟变量。图中的竖条代表每个点估计的标准误的1.65倍。

资料来源:线上与图5.2对应的完整表格。

居。倘若同居在前、结婚在后,所有的早期研究已经显示,婚姻带来的额外溢价很快消亡,而伴侣关系带来的益处依然存在。

若伴侣关系能带来持久的益处,分离则带来痛苦。图5.3包含那些起初有伴侣、但后来开始分居的群体数据,它展示了从开始分居到再度找到伴侣这一期间的影响。如图5.3所示,痛苦是糟糕的开始,在任何国家,人们的生活满意度都不能回归初始的水平。[3][4]

因死亡而失去伴侣也需要一定的适应,早期的研究也证实了这点。图5.4指出,丧亲是极度痛苦的,尽管随后会有很可观程度的恢

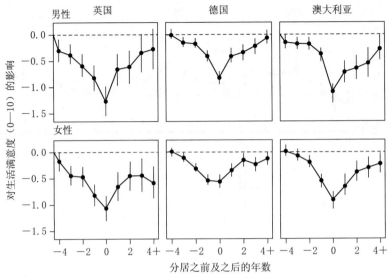

图 5.3 对分居的适应(家庭面板数据)

注:同图 5.2。
资料来源:线上与图 5.3 对应的完整表格。

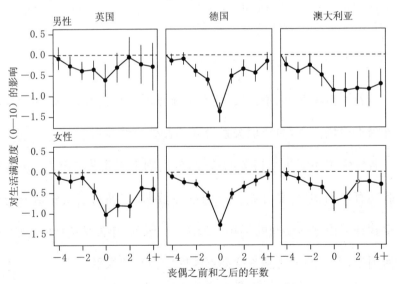

图 5.4 对丧偶的适应(家庭面板数据)

注:同图 5.2。
资料来源:线上与图 5.4 对应的完整表格。

复,但很难完全恢复。⑤⑥⑦

社交环境会有所帮助吗？当其他人都有伴侣,而你独自一人时,自然会感觉更糟。我们有证据支持这点,尽管在不同国家证据有所不同。在英国和澳大利亚,如果多数人有伴侣,没有伴侣的人会感到痛苦,但影响颇小。⑧

5.3　养育子女

伴侣带来快乐,那么孩子呢？这很难调查,因为很大程度上,人们可以选择是否要孩子。某种程度上说,更想要孩子的人会有更多的孩子,就像喜爱古典音乐的人更有可能听古典音乐一样。因此,如果我们把有孩子的人和没有孩子的人放在一起比较,我们可能是在把有不同偏好的人放在一起比较,而没有探究孩子为有孩子的人带来了什么不同。⑨为此,我们必须随着时间的推移追踪研究相同的个体,因而我们将主要关注这一点。

这些调查中,我们掌握的唯一依据是个体是否有和他们的子女一起居住。⑩所以我们无法判断已经长大的子女或孙辈带来的益处或其他影响。就家里的孩子而言,通过回归方程中我们发现,最有效的变量是人们是否有孩子,而不是孩子的数量。图 5.5 基于英国家庭面板,展示了家里有孩子的人口比重。这一比例在 45 岁之后急剧下降,因此我们将研究范围限定于 30—45 岁之间的个体。在英国队列研究中,照旧研究 34 岁和 42 岁的人。

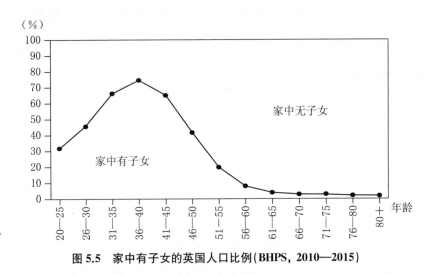

图 5.5 家中有子女的英国人口比例(BHPS, 2010—2015)

所以结论是什么?孩子是一种祝福吗?在英国队列研究中,有孩子可以使生活满意度提高 0.25—0.3 分(分别基于横截面数据和面板数据)。在德国,更大的家庭面板样本给出了相似的大数值,但在英国和澳大利亚则小很多。⑪

当我们仔细研究适应性的模式时,会发现此效应多少有些短暂。图 5.6 研究了曾经有孩子的面板数据个体,看他们在有第一个孩子之前几年和之后几年的情况。在全部三个国家中,都出现了孩子快出生时的激动、孩子出生时的快乐和两年之内的完全适应。此发现自然是平均之后的结果,但对父母双方同样适用。

小孩子对生活满意度只有轻微的影响,此发现与之前的研究结论

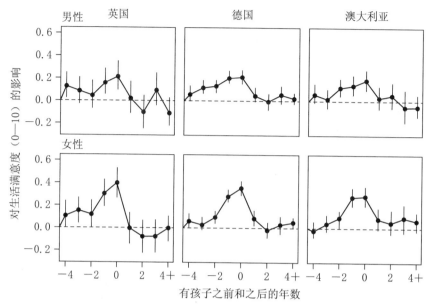

图 5.6 对有孩子的适应(家庭面板数据)

注:年龄在 25 岁以上的成人。控制变量包括:收入、就业状况、婚姻状况、年龄、年龄的平方、年份和地区虚拟变量。图中的竖条代表每个点估计的标准误的 1.65 倍。

资料来源:线上与图 5.6 对应的完整表格。

一致。[12]一种合理的解释是,拥有孩子会带来满足感,但平均上看并不大(巨大的优势与显著的劣势相匹配)。

5.4 有伴侣和做父母的起由

倘若拥有伴侣期间是如此令人向往,那么什么决定了谁会拥有伴侣? 亲密关系不好预测,但表 5.3 提供一些有趣的见解。不出所料,在英国队列研究中,父母离婚的人拥有伴侣的概率要低 4%。儿童发展

表 5.3 家庭状况和父母职责如何决定（英国队列研究）

	单位	有伴侣(1，0)				做父母(1，0)			
		标准化 RH 变量	非标准化 RH 变量			标准化 RH 变量	非标准化 RH 变量		
智力表现(16)	1，0	0.00(0.01)	0.01(0.01)			**−0.01(0.01)**	**−0.03(0.01)**		
行为(16)	标准差（指数）	**0.01(0.01)**	**0.01(0.01)**			0.00(0.00)	0.00(0.00)		
情绪健康(16)	标准差（指数）	0.01(0.02)	0.01(0.01)			0.01(0.01)	0.01(0.01)		
家庭收入	Ln	0.01(0.03)	0.02(0.04)			0.00(0.01)	0.01(0.01)		
父母教育	年数	−0.00(0.00)	−0.00(0.00)			−0.00(0.00)	−0.00(0.00)		
父亲的失业	波动部分	−0.01(0.01)	−0.04(0.03)			−0.01(0.00)	−0.03(0.03)		
母亲的失业	波动部分	0.00(0.01)	0.01(0.01)			0.00(0.00)	0.01(0.01)		
双亲的投入	标准差（指数）	**0.01(0.01)**	**0.01(0.02)**			0.00(0.00)	0.00(0.00)		
家庭是否出现破裂	1，0	**−0.01(0.01)**	**−0.04(0.01)**			−0.01(0.00)	−0.02(0.01)		
母亲的精神健康	标准差（指数）	−0.00(0.01)	−0.00(0.01)			−0.01(0.00)	−0.01(0.00)		
同胞数量	数量	**0.01(0.01)**	**0.01(0.00)**			**0.02(0.00)**	**0.01(0.00)**		
是否为婚后怀孕	1，0	0.00(0.00)	0.00(0.02)			−0.01(0.00)	−0.02(0.02)		
是否为女性	1，0	**0.04(0.01)**	**0.07(0.01)**			**0.10(0.00)**	**0.19(0.01)**		
是否为白种人	1，0	0.01(0.01)	0.05(0.03)			0.00(0.00)	0.03(0.03)		
出生时是否体重偏低	1，0	**−0.01(0.02)**	**−0.04(0.02)**			**−0.01(0.00)**	**−0.04(0.02)**		
观测数量值		17 803	17 803			17 812	17 812		
R^2		0.013	0.013			0.044	0.044		

注：年龄为 34 岁和 42 岁的成人。括号内为稳健标准误。粗体表示 $p<0.10$（双侧）。

的所有不同因素都对解释你是否拥有伴侣作出同等但不大的影响。

5.5　结论

就像我们已经看到的,最亲密的人际关系对个体的幸福有着巨大的影响。然而,在我们可测度的范围内,家庭历史对于解释谁会有伴侣、谁会维持有伴侣的作用不大。这表明致力于提升个体社交技能的后期干预,可能和儿时的干预有着同等效果。此处一个明显的问题是精神健康。

注释

①　英国国家统计局(2015)。

②　关于婚姻的前期研究中大多支持完全适应:如使用德国社会经济面板(SOEP,Clark,Diener,Georgellis and Lucas 2008)以及 Lucas 等(2003),使用英国家庭面板调查(BHPS,Clark and Georgellis,2013),使用澳大利亚家庭、收入和劳动力动态调查(HILDA,Frijters,Johnston,and Shields,2011)以及使用瑞士家庭面板(SHP,Anusic,Yap,and Lucas,2014)。只有在俄罗斯(Clark and Uglanova,2012)和韩国(Rudolf and Kang,2015),才是部分适应的。亦可参见 Qari(2014)。

③　表 5.1 中的小系数是一个大的初始系数和随后适应二者的平均值。

④　有大量关于离婚的文献,但这往往发生在最糟糕的分居期之后的几年。现有文献从 SOEP、BHPS 和 HILDA 中发现了对离婚存在着完全适应,但从瑞士家庭面板(Anusic,Yap,and Lucas,2014)和对韩国男性(Rudolf and Kang,2015)只存在部分适应。

⑤　可参见线上附录 5。

⑥ 参见 Clark，Diener，Georgellis 和 Lucas(2008)，Lucas 等(2003)。

⑦ 参见 Frijters，Johnston 和 Shields(2011)。

⑧ 参见线上表 A5.1。表中显示与其他人中只有一半有伴侣相比,若其他人都有伴侣,那么无伴侣的人的幸福感会低 0.27 分。

⑨ 人们也可以自由选择是否寻找伴侣,然而并不是每个想要寻找伴侣的人都能找到一个伴侣。但是,大约 90％想要孩子的人都可以得到孩子。

⑩ 我们可以知道样本中的个体是否有已离家的孩子,但我们无法得知孩子离家后才加入研究的个体的情况。

⑪ 英国队列研究情况可参见线上表 A5.1,家庭面板情况可参见线上表 A5.2。

⑫ 参见 Myrskyla 和 Margolis(2014)；Cetre，Clark 和 Senik(2016)；线上附录 5。图 5.6 中的数据包含控制变量。

6 身心健康

在我失去的所有东西中，我最怀念我的理智。

——马克·吐温（Mark Twain）

"什么是你人生中最渴望的东西?"许多人回答是身心健康。生理疼痛是最糟糕的人生体验之———肉体折磨就是一个极端的例子。精神伤痛堪比最严重的生理疼痛，而且非常相似——它与身体上的疼痛在相同的大脑区域被感知。[①] 精神疾病甚至是自杀最常见的原因。[②]

因此，精神疾病和生理疾病是造成人类不幸的主要原因。但是目前许多关于生活满意度的研究都忽视了精神疾病。他们隐晦的将不幸和精神疾病混为一谈。正如我们在第 1 章所论证的，这是大错特错的。导致生活满意度低的事物有很多，其中一些是直接性的，而另一些则是通过造成精神疾病来间接起作用。但是有些精神疾病的起因与任何诸如贫困、失业、别离或者亲友去世等明显的外部因素无关。如果我们忽略了这一类型的精神疾病，我们就忽略了人生体验中的一个关键部分。[③] 通过控制这些明显的外部因素，我们可以用多元回归的方法研究这种类型的精神疾病的影响。

6.1 不幸的原因

健康状况的分布不是对称的,而是明显偏向健康状况良好的一侧,毕竟在任何时候生病的人都是少数。出于这个原因,我们在本章开始时将着眼于痛苦的原因,而非生活满意度的全部范畴。

我们定义不幸人群为"年满 25 岁且生活满意度最低的人群"。例如,英国家庭面板调查(BHPS)把生活满意度小于等于 4 的居民定义为不幸的,这些人占到所有 25 岁以上人口的 8%。[④]那么第一个问题是怎样的改变可以最大程度地减少我们社会中的不幸人口的数量?

许多人可能会说"消除贫困和失业"是很有必要的,然而正如我们将要看到的,消除生理和精神疾病更有必要。

我们为研究这一问题所使用的数据来自美国行为危险因素监测系统(BRFSS),[⑤]澳大利亚家庭、收入和劳动力动态调查(HILDA),以及英国队列研究(BCS)和英国家庭面板调查(BHPS)。这三个数据来源最早对心理疾病作出了合理客观的定义:

美国和澳大利亚:曾被诊断为抑郁症或者焦虑症。[⑥]

英国队列研究(BCS):最近一年曾因心理问题看过医生。

英国家庭面板调查使用了 GHQ-12 健康问卷,该问卷包含 12 种自述的临床诊断症状。由于个体暂时的心理因素会影响到问卷的答复和自述的生活满意度,所以我们会在使用 GHQ 的数据时加入前一年的调查数值。

英国和美国的数据是通过生病的次数和症状来衡量生理疾病这一指标,这些病症包括糖尿病、心绞痛、中风、哮喘、关节炎等。[⑦]澳大利亚的数据则是通过 SF36 问卷中滞后一期的健康调查结果来衡量。

为了回答我们最初的问题,我们可以把所有的连续变量变为离散变量。接下来在表 6.1 中我们会检验消除以下四个变量后的影响:

贫困(被定义为收入最低的 20% 的人口);

失业;

生理疾病(被定义为生理健康程度最低的 20% 的人口);

精神疾病(定义如上文或者英国家庭面板调查所用的 GHQ-12 问卷中健康程度最低的 20% 的人口)。

所有这些变量都不等同于低生活满意度,但它们都在一定程度上引致了低生活满意度。让我们看看这种程度究竟多大。

表 6.1 中的方法很简单。[⑧]第一列表示的是在其他条件相同的情况下,当人们带有贫困或抑郁症等其中一种特征时,其痛苦的可能性会上升多少。这些数字是通过最小二乘法(OLS)估计的回归系数,所有的变量都显示为哑变量(1, 0)。[⑨]在第二列中,我们记录了总人口中有多少比例的人具有上述特征。在第三列中,我们将特征的影响乘以它的普遍性,这就为我们最初的问题提供了答案:如果我们(在其他条

件不变的情况下）消除了问题中的特征，将会消除多少痛苦？

表 6.1 　如果单独解决某个问题，痛苦程度会下降多少？

	α 系数	×	普遍性 （%）	=	α×普遍性 （%）	总的痛苦程度 （%）
美国（BRFSS）						
贫困（收入最低的 20%）	0.052	×	20	=	1.04	
失业	0.074	×	4.0	=	0.29	5.6
生理疾病（最不健康的 20%）	0.025	×	20	=	0.50	
被诊断为抑郁症或焦虑症	0.102	×	22	=	2.24	
澳大利亚（HILDA）						
贫困（收入最低的 20%）	0.042	×	20	=	0.84	
失业	0.094	×	2.5	=	0.23	7.0
生理疾病（最不健康的 20%）	0.093	×	20	=	1.86	
被诊断为抑郁症或焦虑症	0.092	×	21	=	1.93	
英国（BCS）						
贫困（收入最低的 20%）	0.011	×	20	=	0.22	
失业	0.056	×	3.0	=	0.17	8.0
生理疾病（最不健康的 20%）	0.019	×	20	=	0.38	
过去一年因情绪健康问题就医	0.152	×	14	=	2.13	
英国（BHPS）						
贫困（收入最低 20%）	0.025	×	20	=	0.50	9.9
失业	0.138	×	3.0	=	0.41	
生理疾病（最不健康的 20%）	0.056	×	20	=	1.12	
心理健康不良（最差的 20%）	0.200	×	20	=	4.00	

注：年龄在 25 岁以上的成人（对英国群体研究的样本而言是 34 岁和 42 岁的成人）。第一列为回归系数。

资料来源：线上完整的表 6.1。

结果是显著的。在美国，一个被诊断患有精神疾病的人比其他人更加痛苦的可能性高 10%。在总人口中，22% 的人被诊断患有精神疾病。因此如果没有精神疾病并且其他条件不变,处于痛苦之中的人口将减少 2.2%,即占总人口 5.6% 的全部痛苦人群的三分之一。消除大多数生理疾病的效果会小一些。与消除精神疾病相比,消除失业或将低收入者的收入提升在最低 20% 以上的效果要小得多。

在澳大利亚和英国,减少精神疾病的巨大重要性同样显而易见。然而,另一种分析痛苦的方式更类似于我们在本书中分析大多数问题的方式,问题不是我们如何消除痛苦,而是我们如何解释它的变化。[⑩]换句话说,我们估计回归系数 β 时允许收入和生理疾病是连续变量,英国家庭面板调查(BHPS)中的精神疾病变量也是如此。结果如表 6.2 所示。在除澳大利亚以外的所有国家,精神疾病都是最重要的解释变量。[⑪]

表 6.2　成年人表现如何影响不幸(截面)(β 系数)

	美国	澳大利亚	英国队列研究	英国家庭面板调查
收入对数	**−0.12**(0.00)	**−0.09**(0.02)	**−0.05**(0.01)	**−0.07**(0.01)
失　业	**0.06**(0.00)	**0.06**(0.01)	**0.03**(0.02)	**0.07**(0.00)
生理疾病	**0.05**(0.00)	**0.16**(0.02) *	**0.05**(0.01)	**0.09**(0.01)
精神疾病	**0.19**(0.00)	**0.14**(0.01)	**0.09**(0.01)	**0.26**(0.00) *

注:括号内为稳健标准误。控制变量包括:教育年限、婚姻状况、是否有子女、是否为女性、年龄、年龄的平方、地区和年份虚拟变量。对澳大利亚和英国家庭面板调查的样本而言,控制变量还包括了相对的收入、教育、失业和伙伴关系。对英国队列研究的样本而言,控制变量还包括无犯罪记录、16 岁时的儿时表现以及家庭背景。截面回归使用的是英国队列研究中年龄为 34 岁和 42 岁的受访者的信息,对英国家庭面板调查、澳大利亚家庭收入与劳动力动态调查以及行为风险因素监控系统的样本而言,使用的是年龄在 25 岁以上的受访者的信息。粗体表示 $p<0.10$(双侧)。

　　* 滞后期为一年。

　　资料来源:线上完整的表 6.2。

6.2 健康与生活满意度

如果我们分析其他因素对生活满意度的影响(测量值为0—10),而不是关注痛苦,那么情况会发生变化吗? 健康在此过程中又扮演了什么角色? 表6.3给出了答案。它使用与表6.2中右侧变量相同的定义,其结果基本上与因变量为二值变量(痛苦或者不痛苦)时相同。[12] 和之前一样,我们要看每个因素在其他因素保持不变时的效果。在所有国家,心理健康的差异比收入或就业状况的差异更能解释人生经历的差异。精神疾病也比生理健康的变化更能解释人类生活质量的变化。

表6.3 成年人表现如何影响生活满意度(横截面)(β 系数)

	美国	澳大利亚	英国队列研究	英国家庭面板调查
收入对数	**0.16**(0.00)	**0.09**(0.01)	**0.08**(0.01)	**0.09**(0.01)
失 业	**−0.05**(0.00)	**−0.04**(0.01)	**−0.03**(0.01)	**−0.06**(0.00)
生理疾病	**−0.05**(0.00)	**−0.17**(0.01)*	**−0.06**(0.01)	**−0.11**(0.01)
精神疾病	**−0.21**(0.00)	**−0.18**(0.01)	**−0.11**(0.01)	**−0.32**(0.00)*

注:括号内为稳健标准误。控制变量包括:教育年限、婚姻状况、是否为女性、年龄、年龄的平方、地区和年份虚拟变量。对澳大利亚和英国家庭面板调查的样本而言,控制变量还包括了相对的收入、教育、失业和伙伴关系。对英国群体研究的样本而言,控制变量还包括无犯罪记录、16岁时的儿时表现以及家庭背景。截面回归使用的是英国群体研究中年龄为34岁和42岁的受访者的信息,对英国家庭面板调查、澳大利亚家庭收入与劳动力动态调查以及行为风险因素监控系统的样本而言,使用的是年龄在25岁以上的受访者的信息。粗体表示 $p<0.10$(双侧)。
* 滞后期为一年。
资料来源:线上完整的表6.3。

有些人可能本能地觉得收入和失业肯定更重要。难道贫困和失业就不会引发很多精神疾病吗？要了解贫困和失业的影响，包括通过其引致的精神疾病造成的影响，我们可以直接把精神疾病因素排除在等式之外，结果发现收入和失业的影响几乎没有增加，因为它们与精神疾病的相关性实际上并没有那么高。[13]

到目前为止讨论的关系都是横截面数据。因此，它们包括了人与人之间持续存在的差异以及人年复一年经历变化的影响。这提供了一幅关于人类各种各样经历的全景图。但是，考虑到具体因素的因果效应，这些估计很容易忽略人与人之间重要的不可测量差异。对每个个体使用固定效应的面板分析，则不容易受到这种问题的影响。如线上表 A6.3 所示，用个体固定效应测量的系数比横截面测量的系数更接近于零，但这其中的一部分原因可能是没有考虑到对生活满意度的长期影响。[14]

6.3　心理健康 vs. 生理健康：质量调整生命年问题

众所周知，每个国家的医疗支出都较为侧重于生理健康。尽管英国在心理健康方面的支出比大多数国家都要多，但它仍然只占医疗支出总额的 13％。[15]当然，这在一定程度上反映了治疗生理疾病的巨大成本以及生理疾病救治在维持生命方面的重要性。但也在一定程度上反映了卫生保健规划者对精神疾病所造成痛苦的低估——英国质量调整生命年(QALY)的测算反映了这种低估。

QALY 系统可以通过患者对欧洲五维健康量表(EQ5D)问卷的回答来衡量特定疾病对生活质量的影响。每种疾病的患者对五个问题(包括行动能力、自理程度、日常活动、身体疼痛和精神痛苦五个方面)打分,分别为 1 分、2 分或 3 分。然后在每一项分数上加上一个权重便可以获得每一种疾病的累计总分。因此先得向受访者展示 45 张卡片,每张卡片上都用 5 个 EQ5D 维度描述了一种疾病。对于每一种疾病,受访者会被问到:"假设你患这种病十年了,你认为这相当于损失了多少年的健康生活?"受访者对这个问题的回答提供了 $45N$ 个的估值,其中 N 为被调查者数量。然后这些估值可以在不同的 EQ5D 维度上进行回归。[16]这些"时间权衡"估值衡量的是每个 EQ5D 维度造成的生活质量损失(以预期寿命的等效变化衡量)的比例。

可以看出,质量调整生命年的价值在于它反映出了那些从来没有经历过某些疾病的人想象如果他们经历了某些疾病会有什么感觉。一个更好的替代方法是直接测量人们在实际患病时的真实感受。

结果将迥然不同。图 6.1 对比了这两种不同方法的结果。现有的 QALY 权重如图 6.1 的阴影条所示。这个量表已经标准化了,这样就可以将这些条形图与相同变量下生活满意度回归的条形图进行比较。[17]后者被表示为图中的黑色条形——这里的大小不是指 β 统计值,而是每个变量对生活满意度的影响(0—1)。从图 6.1 的下半部分可以看出,公众极大地低估了精神痛苦(与生理疼痛相比)对降低他们生活满意度的程度。⑱

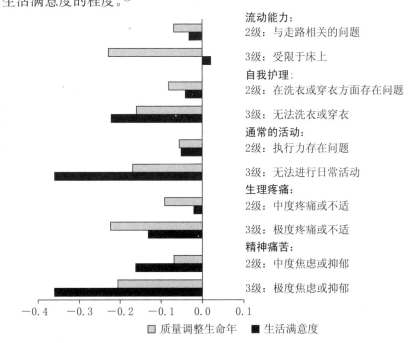

流动能力:
2级:与走路相关的问题

3级:受限于床上
自我护理:
2级:在洗衣或穿衣方面存在问题

3级:无法洗衣或穿衣
通常的活动:
2级:执行力存在问题

3级:无法进行日常活动
生理疼痛:
2级:中度疼痛或不适

3级:极度疼痛或不适
精神痛苦:
2级:中度焦虑或抑郁

3级:极度焦虑或抑郁

☐ 质量调整生命年 ■ 生活满意度

图6.1 欧洲五维健康量表与质量调整生命年权重对生活满意度影响的比较(0—1)

注:每个领域中的参考案例并不存在问题。

资料来源:生活满意度的数据来自 Dolan 和 Metcalfe(2012)。质量调整生命年权重经调整后,与生活满意度回归使用的权重具有相同的均值。对于更进一步的讨论,请参见 Layard 和 D.M. Clark(2014)的附录 5.2。

6.4　不健康的外部性

然而,当我们思考疾病的影响时,也要看它对社会上其他人以及直接受难者的影响。这些"外部影响"之一是精神疾病对其他人收入的经济影响,因为病人通常会得到工龄残障津贴或由其他人支付的病假工资。众所周知,领取残障救济金的人中至少有40%有精神健康问题而不是生理健康问题,旷工的人中也是如此。⑲这反映了一个事实,即精神健康问题在工作年龄人群中与在退休年龄人群中一样普遍,而严重的生理疾病在退休人群中更为多发。图6.2描述了这种显著的差异,该图是世界卫生组织(WHO)的标准分析,其中不同情况的严重程度是基于专家委员会确定的权重。图6.3中来自BHPS的数据显示了相似的模式(尽管这里的生理和心理健康水平是不可衡量的)。精神疾病的巨大负面外部影响远未得到应有的认识。

在表6.4中,我们研究了另一个关键问题:伴侣患病如何影响其另一半? 如表所示,无论出于什么原因,当你的伴侣生病时,你会感觉更糟。⑳

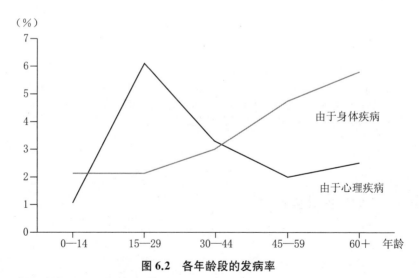

图6.2 各年龄段的发病率

注:纵轴的单位衡量的是因健康欠佳带来的生活质量下降的平均百分比,对每个年龄段都涵盖了全部样本。

资料来源:世界卫生组织(2008)。西欧国家(包含英国)。

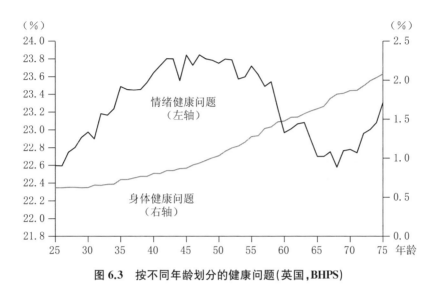

图6.3　按不同年龄划分的健康问题(英国,BHPS)

注:情绪健康状况使用总体健康问卷来测量(左侧纵轴);身体健康状况使用身体健康问题的数量来测量(右侧纵轴)。

表6.4　自身和他人的情绪及身体健康状况如何影响生活满意度(0—10)
(家庭面板数据)(混合截面)

	单位	英国(BHPS)	澳大利亚	德国
精神疾病				
自己	标准差	**−0.77**(0.01)*	**−0.21**(0.02)	**−0.42**(0.01)*
配偶	标准差	**−0.13**(0.01)*	−0.04(0.01)	**−0.11**(0.01)*
生理疾病				
自己	标准差	**−0.22**(0.01)	**−0.25**(0.02)*	**−0.25**(0.01)*
配偶	标准差	−0.02(0.01)	**−0.08**(0.02)*	**−0.16**(0.01)*

注:控制变量包括收入、教育年限、就业状况、婚姻状况、是否为女性、年龄、年龄的平方、地区和年份虚拟变量。截面回归使用了来自英国家庭面板调查、德国社会经济面板数据和澳大利亚家庭收入与劳动力动态调查的年龄在25岁以上的受访者信息。粗体表示 $p < 0.10$(双侧)。

* 滞后期为一年。

资料来源:线上完整的表6.4。

6.5 适应伤残

但是人们是否适应因（生理或精神上的）疾病而致残呢？在英国和德国，我们知道一个人是否在领取伤残津贴；[21]在澳大利亚，我们知道人们因为健康问题而导致工作能力受限。不幸的是，这些数据没有区分精神和生理伤残。如图6.4所示，人们对残疾的适应能力并不强，对于精神疾病可能确实如此。人们普遍认为，由于精神疾病困扰心智，所以比生理疾病（慢性疼痛除外）更难适应。[22]

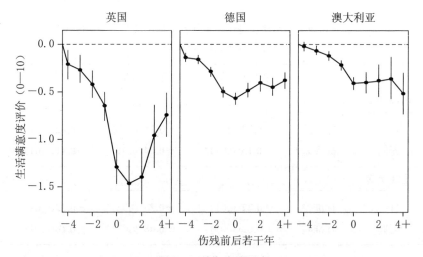

图 6.4 对伤残的适应

注：控制变量包括：年龄、年龄的平方、收入、资质、是否有伴侣、是否有子女、地区以及调查批次的虚拟变量。对英国的样本而言，当受访者回答生活满意度调查的问题时表示自己身有残疾，则"伤残"变量取值为1；对德国的样本而言，若受访者被登记为法定伤残，则"伤残"变量取值为1；对澳大利亚的样本而言，如果受访者的健康状况限制了其工作的能力，则"伤残"变量取值为1。

6.6　疾病的决定因素

现在我们来看看疾病的决定因素，主要参考英国队列研究中的中年人(参见表 6.5)。有趣的是，生理和精神疾病的关键决定因素非常相似。童年时期的情绪健康可以减少成年人的疾病，不管是生理还是精神疾病，童年时的良好品行也具有相似作用(虽然程度稍差一点)。

表 6.5　儿时表现和家庭特征如何影响生理和精神健康
(英国队列研究)(β 系数)

	生理健康	情绪健康	过去一年是否因情绪健康问题就医
智力表现(16 岁)	−0.02(0.01)	**0.05**(0.02)	0.03(0.02)
行为能力(16 岁)	0.01(0.01)	**0.04**(0.02)	0.02(0.02)
心理健康(16 岁)	**0.05**(0.01)	**0.22**(0.02)	**0.13**(0.02)
家庭收入	−0.00(0.01)	0.02(0.02)	−0.01(0.03)
父母学历	−0.02(0.01)	**0.04**(0.02)	0.02(0.02)
父亲失业	−0.02(0.01)	**−0.07**(0.02)	**−0.09**(0.03)
母亲失业	0.01(0.01)	0.01(0.02)	0.02(0.02)
父母经济困难	0.00(0.01)	0.02(0.02)	**0.06**(0.03)
家庭破裂	−0.00(0.01)	−0.01(0.02)	−0.03(0.02)
母亲心理健康	**0.03**(0.01)	**0.12**(0.02)	**0.06**(0.02)

注：英国队列研究以 42 岁的成人为样本，对若干涉及身体健康的变量及"是否在过去一年里因情绪问题看过医生"这个变量进行了横截面回归；对 34 岁的样本使用的是反映情绪健康的症状变量进行的回归。$R^2 = 0.010$; 0.074; 0.022。

只有智力表现对一个人得生理疾病的次数没有影响（但它确实减少了得精神疾病的次数）。

至于父母的影响，他们的教育和收入都不会影响他们成年子女的身体健康。但他们的母亲的精神健康对他们的生理和精神健康都有切实的影响。父亲的失业也是一个严重的不利因素。很明显，父母通过他们遗传给后代的基因对他们的后代造成了很大的影响，[23]但是我们无法在这些调查中对其进行测量。

更广泛地说，在一生中，幸福和健康之间存在着一种双向互动。健康的人更快乐，快乐的人更长寿。这一理论已在多年前便已知晓，并通过"修女研究"（Nuns Study）而更加知名。"修女研究"表明，在那些有着相似生活方式的修女中，那些在18岁左右精神积极乐观的人比那些消极悲观的人活得长得多。[24]最近，一项来自英国的老龄化纵向研究的数据提供了另一个引人注目的例子。他们抽样调查了一些50岁以上的英国人，主要关注他们的幸福感（通过一些简单的问题来衡量），然后跟踪调查了他们9年，记录他们是否已经死亡。结果表明最不快乐的人最容易死亡，差异非常显著。即使控制住年龄和疾病两个变量之后，最不快乐的四分之一人群在接下来的8年里死亡的可能性是最快乐的四分之一人群的三倍。[25]

幸福对生理健康的影响在晚年尤为重要，但生理健康与幸福的双向互动却是一个贯穿一生的重要故事。然而，我们的分析主要集中在健康对幸福的影响上，因为幸福是我们的核心追求。

6.7　结论

总之,生理和精神健康对一个愉快的人生都是非常重要的。任何一种疾病都可能是毁灭性的。但是精神疾病比生理疾病更能解释我们社会中的痛苦,也比贫困或失业更能说明问题,这也解释了生活满意度的变化。此外,上一代的精神疾病经常会传递给下一代。

注释

① 前犬齿皮层和前脑岛;可参见 Layard 和 Clark(2014), 274,注释 37。

② Layard and D.M. Clark(2014).

③ 关于外部事件如何导致精神疾病的经典分析,可参见 G.W. Brown 和 Harris(1978),关于精神疾病的一般原因,可参见 Layard 和 D.M. Clark(2014)第 7 章。

④ 生活满意度是一个整数变量,因此不可能在每个国家都定义相同的处于痛苦生活中的人口比例。此外,在英国队列研究和澳大利亚家庭、收入和劳动力动态调查中,生活满意度的类别有 11 个,在英国家庭面板调查中有 7 个,在 BRFSS 中有 4 个。表 6.1 显示了定义为痛苦的百分比。

⑤ 行为风险因素监测系统。

⑥ 他们还会问你目前是否正在接受治疗(当然这低估了患病率)。所有调查中使用的问题参见附录 6。

⑦ 条件分布如下(%):

	0	1	2	3	4	5+
BCS	37	34	17	7	2	1
BHPS	38	30	17	8	4	3

⑧ 关于最痛苦的人的特征的简单描述,参见线上表 A6.1。

⑨ Logit 分析得出了非常相似的结果。

⑩ 关于表 6.1 第 3 列和表 6.2 之间不连续变量的关系如下所示。在表 6.1 中我们估计了一个方程:$p_M = \sum \propto_i p_i + etc.$。其中,$p_M$ 表示感到痛苦的人的比例,p_i 表示特征 i 的比例。第 3 列为 $\propto_i p_i$。相比之下,对于每个特征,表 6.2 显示为

$$\propto_i \sqrt{\frac{p_i(1-p_i)}{p_M(1-p_M)}}$$

⑪ 在线上表 A6.2 中,我们展示了一种可利用数据进行调查的固定效应分析。

⑫ 参见线上表 A6.2。

⑬ 参见在线描述性统计。

⑭ 在澳大利亚,研究结果证实心理健康的影响最大。对英国来说,精神健康必须加入一个滞后项,因此影响被低估了。

⑮ Layard and D.M. Clark(2014).

⑯ 参见 Dolan(1997)。

⑰ 换句话说,阴影条的平均值等于黑色条的平均值。关于生活满意度回归,参见 Dolan 和 Metcalfe(2012)。

⑱ 为了全面了解质量调整生命年对一种疾病的影响,我们当然还必须加上它对寿命的影响,但这不是我们在本书中关注的问题。

⑲ Layard and D.M. Clark(2014).

⑳ 关于在澳大利亚伴侣的疾病对看护者的负面影响,可参见 van den Berg, Fiebig 和 Hall(2014)。

㉑ 在英国,这是以"残障人士"来衡量的;在德国,它是通过"注册残障人士"来衡量的。有关英国家庭面板调查的早期研究,参见 Oswald 和 Powdthavee(2008)。

㉒ Dolan and Metcalfe(2012).

㉓ Plomin 等(2013)。关于基因的问题,参见第 12 章。

㉔ Danner, Snowdon, and Friesen(2001).

㉕ Steptoe, Deaton, and Stone(2015).

7 犯罪

贫困是犯罪之母,失智是犯罪之父。

——让·德·拉布吕耶尔(Jean de la Bruyère, 1688)

犯罪对犯罪者和社会都是一个问题。[①]对犯罪者来说,犯罪会导致社会对他的排斥,并且无法过上满意的生活。对于社会来说,犯罪降低了大众的生活质量。

这些都是犯罪的影响。但在本章中,我们反过来先看犯罪的起因——为什么在我们的社会里,有些人会犯罪而其他人却不犯罪。

7.1 谁在犯罪?

当小孩 10 岁时,我们已经能在一定程度上预测他们之中谁将在以后的生活中犯罪。[②]那些是那些在早期生活中有行为问题的人,在较小程度上是那些在学业上表现不佳的人。正如我们将要展示的,这种情形在英国和美国几乎是相同的。

7.1.1 英国

英国队列研究为我们提供了一些线索,从此项研究中可以发现每个人是否曾经在 30 岁之前被判有罪。[3]然后我们就可以估计什么因素会影响犯罪的概率。我们考察的因素包括儿童成长发育的所有三个维度:种族、母亲的年龄和教育,以及孩子 10 岁时父亲是否还在。[4]

儿童在 10 岁时成长情况的测度如下。智力表现是通过数学和阅读成绩来衡量的;行为成长情况由母亲回答的 10 个问题来衡量;情绪成长情况由母亲回答的 9 个问题来衡量。和之前一样,所有的儿童成长的变量都以标准化的形式进行测量。但在本章中,衡量方式相反,目的是更清晰地看出,儿时的成长不佳对是否犯罪具有正向影响。

结果在表 7.1 的第一列。考虑到只有 12.5% 的样本曾被定罪,这已经是很大的影响了。影响最大的是 10 岁时的行为问题。如果一个

表 7.1　如何通过童年时期的问题预测犯罪的可能性

	单　位	英国队列研究 (30 岁前的概率)	美国青年纵向研究 (24—25 岁前的概率)
10 岁时的智力问题	标准差(指数)	**0.012**(0.004)	**0.030**(0.011)
10 岁时的行为问题	标准差(指数)	**0.034**(0.004)	**0.062**(0.013)
10 岁时的情绪问题	标准差(指数)	**−0.023**(0.004)	**−0.024**(0.013)

注:括号内为稳健标准误。系数为概率的边际变化。使用 Probit 模型进行估计。控制变量包括:种族、母亲的年龄和受教育程度以及家庭中是否有父亲存在。粗体表示 $p < 0.10$(双侧)。

资料来源:线上附录 7.1。

人的行为恶化一个标准差,那么被定罪的可能性要高出 3.4 个百分点。这意味着他(她)被定罪的几率增加了 27%。注意这是早在 10 岁时就被测量到的行为的影响,事实上,16 岁时的预测并不比 10 岁时的预测更准确。[5]

智力表现不佳同样可能引致犯罪。相比之下,不快乐的孩子不太可能成为罪犯——也许他们缺乏犯罪的欲望或能量。

7.1.2 美国

美国的情况与英国非常相似,只是美国的犯罪率更高。在 24—25 岁时,21.9% 的年轻人被判有罪。但促成犯罪的模式与英国十分相同。

我们关于美国的证据来自国家青少年儿童和青少年队列纵向调查(CNLSY),该调查提供了 1975—1988 年出生人口的样本数据。[6]对于每个人,我们可以知道他们在 24 岁或 25 岁时是否曾被判有罪,我们也知道他们在 10 岁或 11 岁时的“儿时表现”是怎样的。此外,我们同样了解孩子母亲的细节信息,这和英国的研究相同。

所以,在其他条件相同的情况下,我们可以再次估计儿时的表现是如何影响获罪的概率。估计系数在表 7.1 的第二列,可以看到美国与英国的情况大致相似(不过美国的犯罪率较高)。当儿童行为恶化一个标准差时,犯罪的概率会提高 6 个百分点。这比平均犯罪率高出 28%——几乎和英国一样。

7.2 教育能减少犯罪吗?

如果儿童早期问题会导致更多的犯罪,那么额外的教育能抵消这些吗? 甚至说,教育的一个重要"副产品"就是犯罪的减少吗? 我们的英国队列研究数据提供了解决这个问题的第一种方法。在表 7.2 中,我们将 30 岁前获得的学历、10 岁时的儿时表现和家庭状况作为变量,对犯罪次数进行回归。这表明学历每增加一个标准差(相当于 2.5 年的教育年限)会使犯罪人数减少 0.06 人(或平均减少 23%)。

表 7.2　学历、10 岁时的儿时表现、家庭背景如何影响 30 岁前犯罪的概率(英国队列研究)

	单　　位	
学历	标准差(指数)	**−0.06**(0.01)
10 岁时的智力表现	标准差(指数)	−0.01(0.01)
10 岁时的良好品行	标准差(指数)	**−0.13**(0.02)
10 岁时的情绪健康	标准差(指数)	**0.07**(0.01)
家庭特征	标准差(指数)	**−0.17**(0.03)

注:括号内为稳健标准误。使用 OLS 模型进行估计。额外的控制变量详见表 7.1。粗体表示 $p < 0.10$(双侧)。"犯罪"变量的标准差为 1.0。

资料来源:线上完整的表 7.3。

第 3 章我们曾论及教育的好处,而这点是一个虽小却十分有用的补充。线上附录 7 讨论了教育减少犯罪效果的更高估计——通过挖掘不同人群的教育经历差异来获得。[7]

反之,教育效果也能用儿童的早期发展来解释。我们已经在第3章探讨过这个问题,但这里我们关注的是教育的失败,并从美国带来了相应的证据。对英国来说,我们认为教育表现不佳相当于没有资格证书。如表7.3第1列所示,10岁时的不良行为更有可能导致你最终成绩不佳或没有资格证书。同样在美国,CNLSY的数据显示,此人是否高中辍学。同样地,10岁时的不良行为预示着更大的辍学可能性。

表7.3　如何通过10岁时的童年问题预测教育失败的可能性

	单　位	英国队列研究 (低学历的概率)	美国青年纵向研究 (高中辍学的概率)
10岁时的智力问题	标准差(指数)	**0.15**(0.01)	**0.06**(0.01)
10岁时的行为问题	标准差(指数)	**0.04**(0.01)	**0.03**(0.01)
10岁时的情绪问题	标准差(指数)	**−0.02**(0.01)	**−0.01**(0.01)

注:括号内为稳健标准误。系数为概率的边际变化。使用 Probit 模型进行估计。额外的控制变量详见表7.1。粗体表示 $p < 0.10$(双侧)。
资料来源:线上完整的表7.4。

7.3　犯罪的影响

当然,我们研究犯罪的根本原因是它对人类福祉的影响。这包括对犯罪者个人的影响和对其他人的影响。下面我们依次探讨一下。

7.3.1　对犯罪者的影响

我们已经在第1章讨论了对罪犯的影响,结果表明在34岁之前被逮捕的次数上的一个标准差与 34 岁时生活满意度的 0.06 个标准差相关，或者在 0—10 分制下生活满意度的 0.12 分。[⑧] 我们并不认为这是一个直接原因。它从本质上说明了卷入犯罪的人是如何变得更加孤立或受到更恶劣地对待，从而变得更加悲惨。

7.3.2 对其他人的影响

犯罪也影响其他人。这引入一个关于幸福感的新视角，因为很多关于幸福的研究都只关注每个人如何受到自己经历的影响，而根本不关注每个人如何影响他人的经历。这是许多关于幸福感的实证文献的一个重大缺点，因为最终人们的幸福感很大程度上取决于相互之间的日常行为——而不只取决于人们为他人提供的收入、教育、工作或者医疗服务。

别人是善良体贴的吗？他们是善于鼓励、乐于助人并且友爱的吗？或者相反，他们是粗鲁野蛮、恃强凌弱欺压他人——甚至在极端情况下，他们会犯罪吗？我们觉得其他人通常是站在我们这边还是反对我们？

这些事情对每个人都很重要。因此，我们可以在生命历程中改变我们原来的幸福水平图表，以显示另一组关键的影响。如图 7.1 所示，人们会受到与其相关者的行为的巨大影响（渠道 A）。同理，促进成年人行为改善的因素多来自于他们的整体社会价值，即个体通过渠道 B（而不是渠道 C）给予他人的价值（而不是个人价值）。

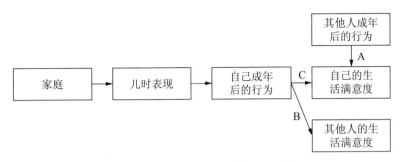

图 7.1 个体经历如何影响自己和他人

用数值来说明这种影响是不容易的,在这个阶段我们只能给出一个说明性的例子,希望这将成为一个主要的研究领域。我们以当地犯罪率对当地生活满意度影响的一项重要研究为例。[9]这是基于英国家庭面板调查,其中包括个人所在地区警察部门的季度犯罪率。研究发现,当地犯罪率记录中每增加一个单位,个人心理健康水平(0—10)就会下降 0.14 分。这反过来又意味着每一犯罪行为都会使人口的生活满意度(0—10)每年降低大约 1 分,而这一效应会影响到整个当地人口。[10]

7.3.3 两种效应的比较(每一年幸福感分数的变化)

将每年 1 分(即每年的分数变化)的外部效应(渠道 B)与对个人自身的影响(渠道 C)进行比较会很有趣。在渠道 C,我们的数据显示,在 16—34 岁之间的每次逮捕都会使罪犯 34 岁时的生活满意度(0—10)降低 0.05 分。[11]因此,假设一次逮捕的影响持续 20 年,每次逮捕都会使罪犯累积的生活满意度大约每年降低 1 分。由于犯罪超过逮捕的比率为 3.6：1，每一项犯罪都会使罪犯的生活满意度每年降低 0.3 分。[12]

这 0.3 分/年比每一项犯罪对他人的影响要小得多，后者大约是 1 分/年。这有助于阐释当测度一项政策的影响时，既要考虑直接受影响的人群的幸福感，也要考虑间接受影响者的幸福感。幸福感研究的下一个阶段需要更多地关注人们行为的外部影响。

这直接把我们引向了社会规范的问题。这些会在多大程度上影响一个社会的福祉？

注释

① 本章所依据的论文完整版参见线上附录 7。

② 该方程的预测能力并不强。在图 1.4 中，关于犯罪方程式中的 R^2 为 0.10。

③ 这是与图 1.4 中不同的因变量，因变量是 34 岁之前被捕的次数。定罪变量是在 30 岁时测量的，以便与美国的数据进行比较。

④ 为了便于后文中的英美比较，这里的限制比本书其他部分更为严格。

⑤ 在这两个年龄段，一个标准差的额外不良行为将使被捕的概率提高近 5 个百分点——风险增加 33%。参见线上附件 7。

⑥ 有关研究的详细信息，包括变量定义，参见线上附录 7。

⑦ 参见 Lochner 和 Moretti(2004)，Machin，Marie 和 Vujic(2011)，Bell，Costa 和 Machin(2016)。另可参见 Anderson(2014)。

⑧ 生活满意度的标准差为 1.9。

⑨ Dustmann and Fasani(2016)。有很多致力于金钱价值对于犯罪影响的研究；有关调查可参见 Soares(2010)。

⑩ 来自 Dustmann 和 Fasani(2016)中表 3 的第一列，$GHQ = 0.14\log\left(\frac{C}{PY}\right) + etc.$ C 是犯罪的数量，P 是人口数，Y 是年数。因而：

$$\Delta GHQ = \frac{0.14}{C/PY} \cdot \frac{1}{PY} \Delta C$$

使用 C/PY 为 0.09 的年平均率,得到 $PY * \Delta GHQ \approx 1.5\Delta C$。为了将 GHQ(0—10)的变化转化为生活满意度(LS)的变化,我们注意到 Mukuria 等人(2016)的研究,当 GHQ 测度为 0—10 时,$\frac{\partial LS}{\partial GHQ} = -0.21(3.6) = -0.75$。所以 $PY\Delta LS = -0.75PY$。 $\Delta GHQ \approx -1.1\Delta C$。请注意,由于表 3 使用的是具有固定效应的面板数据,犯罪对房价的任何影响(这种影响会持续多年)基本上都被消除了。

⑪ 逮捕的标准差为 3.8。有趣的是,在逮捕中添加一个二次项并不会增加解释力。

⑫ 比率为 3.6/1,这是 2006—2007 年度英格兰及威尔士罪案调查及内政部的逮捕信息收集。

8 社会规范与制度

请把你的价值观放在前台。

——巴黎宾馆(Paris hotel)

社会规范和制度是影响社会中所有个人的公共产品。因此,我们只能通过比较不同社会的生活满意度,而不是个人的生活满意度来研究它们的影响。最简单的方法就是比较不同的国家。[1]

除了收入和健康,各国在许多方面存在差异。也许最重要的是它们的:

- 行为的道德规范(包括诚信、慷慨等);

- 社会支持网络("连接型资本")[2];

- 开放与包容("桥接型资本");

- 个人自由;

- 政府质量(包括腐败);

- 平等;

- 宗教虔诚度。

这些特征如何影响这些国家公民的生活满意度?我们可以从盖

洛普世界民意调查(Gallup World Poll)中获得有关这方面的真实见解,该调查覆盖了全球几乎所有国家。它通过所谓的坎特里尔阶梯(Cantril ladder)来衡量你对当前生活的满意度。[③] 在 0—10 分之间,0 分是你能想到的最糟糕的生活,10 分是你能想到的最好的生活。各国在这一指标上存在巨大差异,这表明不存在人类本性所决定的幸福设定值。最满意的国家通常是斯堪的纳维亚半岛国家以及荷兰和瑞士,这些国家的分数都在 7 分以上。最不快乐的国家包括叙利亚、阿富汗和 17 个非洲国家,得分都低于 4。

从这个巨大的跨度中,我们可以了解到社会规范和制度对人类幸福的影响。让我们先从鸟瞰图开始,然后再依次查看每个因素。图 8.1 和表 8.1 报告了 126 个国家的横截面回归结果,每个国家的平均生活满意度是因变量。解释因素(及其定义)如下。[④]

信任　　多少比例的人对此持肯定态度:"一般来说,你认为大多数人都是可以信任的(或者你在与人打交道时再谨慎也不为过)?"

慷慨　　多少比例的人对此持肯定态度:"你在这个月向慈善机构捐款了吗?"

社会支持　多少比例的人对此持肯定态度:"如果你有困难,你是否有亲戚或朋友可以在你需要的任何时候帮助你?"

自由　　多少比例的人对此持肯定态度:"你是否满意选择自己的生活方式的自由程度?"

收入　　　人均 GDP 的自然对数。

健康　　　预期寿命。

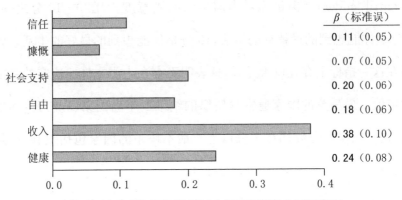

图 8.1　如何通过不同的国民变量预测国民生活满意度

注:各变量 2009—2015 年的平均值(除"信任"一项使用的主要为 2009 年的数据)。详见 Helliwell,Huang 和 Wang(2016)附录中的表格 10 第(8)列,以及表 5。$N=126$,$R^2=0.76$。

资料来源:盖洛普世界民意调查。

　　我们将逐个研究这些变量。但首先让我们看看它们的整体情况。

总的来说,它们解释了 76% 不同国家生活满意度的差异(参见图 8.1

和表 8.1)[5]。信任、社会支持和自由的水平都非常重要。

表 8.1　如何通过不同的国民变量预测国民的生活满意度

	单位	系数	标准误
信任	比例	**1.08**	(0.45)
慷慨	比例	0.54	(0.41)
社会支持	比例	**2.03**	(0.61)
自由	比例	**1.41**	(0.49)
收入	人均 GDP 的自然对数	**0.33**	(0.75)
健康	年	**0.03**	(0.01)

注:同图 8.1。

8.1 信任

一个社会要想幸福,它的大多数公民必须以可信赖的方式行事。人们是否值得信赖无法直接衡量。但是,我们可以间接地询问民众,他们是否认为其他公民值得信任。多年来,许多国家的许多调查都问过这样一个标准问题:"总的来说,你认为大多数人值得信任的,还是你在与人打交道时越小心越好?"

对这个问题回答"是"的人在不同国家的比例差异惊人——从挪威的 64% 到巴西的 5%。⑥有人可能会问,这些问题的答案是否符合国与国之间的真实差异?《读者文摘》(*Reader's Digest Europe*)欧洲版于 1996 年首次进行了一项名为"钱包丢失"的实验,证实了这种相关性。这项实验内容为在 14 个西欧国家的 20 个城市以及 12 个美国城市中各投放 10 个装有现金的钱包(附有姓名和地址)。研究人员后来使用这些数据来验证信任的问题。⑦在这项国际调查中,钱包的实际归还率确实与国家平均社会信任高度相关。事实上,奥斯陆的 10 个钱包都被归还了,哥本哈根也一样。令人鼓舞的是,在整个实验中,三分之二的钱包都被归还。

表 8.1 中显示的信任的影响确实是显著的。从零信任到普遍信任,公民的生活满意度提高了 1 分(0—10 分),超过了找到工作的效

果。[8] 无数研究表明，信任对经济增长至关重要。[9] 但在这里，我们关注的是它通过人与人之间的互动对生活满意度的直接影响。毫不奇怪，信任程度对自杀也有明显影响，更令人惊讶的是，对交通事故也有影响。[10]

随着时间的推移，一些国家（如美国和英国）的信任水平大幅下降，而另一些国家（如丹麦和意大利）的信任水平有所上升。这可能有助于解释这样一个事实，即生活满意度在美国和英国没有上升，而在一些欧洲大陆国家却上升了。事实上，美国一直认为经济增长带来的居民收入增加的抵消因素不仅包括收入差距增加也包括人际关系质量的下降，这种下降表现为孤独增加、沟通困难、恐惧、家庭不忠、社交活动减少和缺乏信任。[11]

在许多社会中，不良行为无疑是制度化的。最常见的就是腐败。在这种情况下，一名官员或一名业务经理不会按照规则手册所说的去做（也不会做代表他的组织宗旨的事情），而是会通过帮助他人来换取回扣。这极大地破坏了信任，通常被视为一种个人剥夺。如果我们忽略图 8.1 中的信任并引入可感知的腐败，则会产生非常显著的影响。[12] 犯罪的影响与之是相似的，在第 7 章已经讨论过。

8.2　慷慨

然而，好的行为包括"做"和"不做"。我们为彼此做些什么积极的事情至关重要。在国家层面上，我们在这方面的证据有限，但慈善捐赠的规模是一个替代指标。正如图 8.1 所示，这也很重要。

8.3 赠人玫瑰，手有余香

因此，在人们表现良好的社会里，人们会更快乐。但这究竟是为什么呢？一个明显的原因是，如果别人对我们好，我们会更快乐（图 7.1 中的箭头标识 A）。但是，如果我们善待他人，我们是否也会更快乐（图 7.1 中的箭头标识 B）？无私的行为会带来回报吗？

当然有时候会很痛苦。但总的来说，做好事是对行为人的内在奖励。[13]这里有一些实验案例，我们从一个自然实验讲起。

民主德国与联邦德国统一后，民主德国的许多志愿服务机会消失了。与此同时，那些之前做过志愿者的人比那些没有做志愿者的人幸福感下降的幅度要大得多。这强烈地表明，志愿活动是那些做过的人快乐的原因之一。[14]实验室实验也令人信服。在一个关于给予的实验中，一组人被给予一些钱用于自己，另一组人被给予等量的钱用于他人。在一天结束的时候，第二组报告说他们自己更快乐。[15]这些对幸福感的影响也可以在大脑的"奖励中心"观察到——当人们给钱时，他们会得到积极的奖励。[16]此外，利他主义是可以培养的。经过两周的同情训练后，实验组比对照组在实验室游戏中给了更多的钱，同时，他们的"大脑奖励中心"也表现出更强烈的神经活动。[17]

8.4 社会资本

与伦理规范不同的是，社会结构给人一种归属感，让人有可以依靠的人来支持自己。时间配置研究表明，除了性，人们最喜欢与朋友交往[18]——没有什么比没有朋友更糟糕的了。

图 8.1 说明了这一生活维度的巨大重要性——拥有可以依靠的人。关于这种"社会资本"以及参与公民社会组织的重要性，已经有许多著作问世。[19]我们可以很好的区分"连接型资本"和"桥接型资本"："连接型资本"是将拥有相似文化、经验和兴趣的志同道合的人团结在一起，这样他们就知道可以从彼此身上期待什么。这一点在表 8.1 的社会支持变量中得到了部分反映，该变量表明，当每个人都有依靠相比于没有依靠的时候，生活满意度会上升整整 2 分。

但在任何一个多元文化或多阶级社会中，还有一些东西也是至关重要的。这就是"桥接型资本"。在大多数社会中，属于少数群体的人，包括少数族裔和移民，平均来说不如社区其他成员幸福。[20]移民不幸福的一个原因当然是他们与许多家人和朋友分开了——他们缺乏

"连接型资本"。但在他们搬到的地方，他们往往也是"二流公民"——他们没有桥梁。

　　至关重要的是，少数族裔应得到平等对待，使他们具有与其他公民相同的归属感。近年来，许多国家的种族容忍度有所提高，少数群体的幸福感也有所提高。[21]但目前的移民潮正在给移民和当地人带来新的压力。尽可能广泛地扩大同理心范围是所有人幸福的关键。[22]

8.5　个人自由

　　与容忍密切相关的是自由问题——社会愿意让人们随心所欲地生活，只要他们不伤害他人。[23]我们在这里谈论的不是政府的组织（这是下一个话题），也不是经济学，而是个人在日常生活中选择自己生活方式的自由。这包括如你想与谁结婚的自由，选择住在哪里的自由，以及说出你的想法的自由。[24]在其他条件相同的情况下，更多的自由总是更好的。但在实践中，更多的自由有时意味着更少的社会凝聚力。因此，需要达成一种平衡。但是图 8.1 清楚地显示了自由在人们生活中的重要性。这有助于解释为什么 20 世纪 90 年代初记录的那么多最不幸福的社会是原苏东国家（参见图 8.2）。很难确定这在多大程度上源于转型的痛苦。但我们有匈牙利和俄罗斯坦波夫州转型前

的数据,这两个地区的幸福指数都远低于人均 GDP 水平相当的其他
地区。[25]

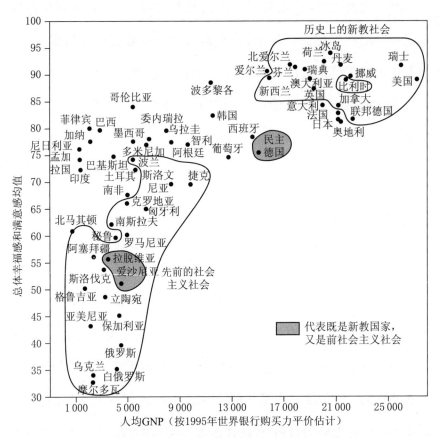

**图 8.2 20 世纪 90 年代根据特定社会的经济发展水平和
历史遗产划分的主观幸福感**

资料来源:Inglehard and Klingemann(2000)。

反对福利公共政策的人经常认为,这将导致一个过于保姆式的国
家,人们会失去对自己生活的掌控。这再正确不过。因为证据是压倒
性的:人们在没有自由的时候是不快乐的。

8.6 政府的质量

我们现在谈谈政府的积极作用。它在提供服务、调节经济和社会生活以及保障法治（包括控制腐败）方面是否有效？我们可以称之为政府的"质量"方面。互补的问题是"民主"的程度——投票权、媒体自由和政治稳定。

许多研究表明对人民的个人幸福来说,政府的质量是最重要的。[26] 它影响着人们的日常生活。在各国,民主当然与政府的质量有关。但是有些国家政府的质量高、民主程度低。所以我们的分析集中在质量上。

最简单的问题是：你对你的国家政府有信心吗？如果不用这种是或否的问法,代之以对政府有信心的比例,那么这个比例的系数是0.51（标准误＝0.17）。[27] 一个更详细的衡量标准是世界银行的全球政府服务质量指标：如果加上这一指标,它也会产生重大影响。[28]

8.7 平等

历史上诸多革命者都要求自由、平等和博爱。到目前为止,我们先讨论了博爱，然后讨论了自由。但平等又如何呢？

关于收入的平等，这里有一个直观的论点（已经在第 2 章提到），你已经拥有的收入越多，那么额外的收入就越不重要。这是一个古老的猜想（过去被称为收入边际效用递减）。但幸福科学已经证明了这一点。[29]有个公式可以最贴切的表示生活满意度（0—10）和收入之间的关系，即生活满意度＝$\alpha \log$ 收入。这意味着，对于一个贫穷的人来说，1 美元（就生活满意度而言）的额外价值是富有的人的 x 倍。因此，对于一个给定的平均收入，一个更平等的社会平均应该更幸福。

但也可能有其他原因导致这种情况。因为平等直接影响着社会中人际关系的质量。威尔金森和皮克特（Wilkinson and Pickett）已经证明，在社会的各个层面上，社会越平等，社会成员之间往往更加信任彼此、健康状况也更加良好等。[30]这意味着具有某种氛围效应（社会氛围对社会个体的促进作用）。

但是，关于不平等对生活满意度影响的实证研究得出了非常复杂的结果。许多研究都没有发现任何效果。[31]最积极的结果出现在一项有趣的时间序列研究中，该研究同时使用了美国综合社会调查（General Social Survey）和欧洲晴雨表。[32]

结论或许应该是：相互尊重和关爱的精神对于一个幸福的社会至关重要。这种风气将与信任、低腐败、良好的社会支持、有效的政府以及更平等的收入水平等高度相关。因此，当务之急是改善整个社会风气，而不是简单地实现收入均衡。

8.8 宗教

这就把我们带到了宗教的问题上,宗教至少可以发挥三种主要作用:灌输价值观、提供慰藉和提供有价值的社会互动。本章以伦理价值的重要性开始论述,无论伦理价值的起源是宗教的还是世俗的。但是宗教的具体影响是什么呢?

盖洛普世界民意调查提供了重要的证据。[33] 世界上 68% 的成人称,"宗教在他们的日常生活中很重要"。宗教信仰和实践在生活困难的国家更为普遍(收入较低、预期寿命较低、教育和人身安全较差)。在对这些因素进行粗略的控制后,宗教信仰多的国家与宗教信仰少的国家在生活满意度上并无差异。同样,在生活不那么艰苦的国家里,有宗教信仰的人对生活的总体满意度也没有虔诚匮乏的人高。

根据盖洛普每日民意调查(Gallup Daily Poll),如果我们只关注美国,情况就会有所不同。[34] 在考虑到其他因素后,美国宗教色彩更浓厚的州平均来讲对生活更满意。更信奉宗教的人士也是如此。在个体之间的比较中,总是存在这样一个问题:在特定环境下自然更快乐的人可能更愿意相信有仁慈的神。然而,元分析得出结论,更虔诚的宗教信仰与较少的抑郁症状有轻度关联[35],75% 的研究发现宗教信仰至少对幸福感有一些积极影响。[36] 这种效应在重大变故的情形下尤其普遍,如丧亲之痛,而在低损失的情形下则较弱,如婚姻问题。因此,宗教可以通过其缓解压力的作用,减少压力事件对幸福感的影响。[37]

最近欧洲社会调查对个人进行的一项大型研究也发现,"曾经参加过宗教服务"和"曾经祈祷过"对生活满意度的影响虽小,但统计显著。[38]有趣的是,该地区其他人的宗教虔诚也被发现对信教者和非信教者都有积极的益处。

尽管如此,其政策含义尚不清楚。如果人们不能相信一个真实的神或来世,那么建议他们相信是没有用的。对这些人来说,一种基于满足人类需求的伦理可能是一种更强大、更令人满意的生活目标来源。[39]

8.9 收入

最后,我们应该讨论国与国之间的收入差距对幸福感的巨大影响。这比国家内部的影响要大,特别是考虑到比较国家收入的影响时。[40]它也不同于第 2 章中讨论的经济增长与幸福增长之间微弱的跨国关系。一种部分性的解释可能是,所有国家都在拿自己的收入与随着时间推移而上升的世界标准进行比较。只有时间才能证明这一点到底有多正确。[41]

8.10 结论

在这短短的一章中，我们简要地介绍了许多对人类幸福最重要的影响——那些影响对许多社会成员来说是共同的，而不是一次只影响一个人（就像这本书的大部分内容一样）。如果出现信任危机、社会混乱、压迫、不平等和无效的政府，人们就不会幸福。伦理运动在每个社会、每个时代都扮演着重要的角色。[42]

注释

① 本章主要借鉴了 John Helliwell，Haifang Huang 和 Shun Wang 在各自的《世界幸福报告》中所做的巨大工作。

② 参见 Putnam(2000)。

③ 问题是"请想象一个梯子或山，从底部的 0 级台阶到顶部的 10 级台阶。假设我们说梯子或山的顶部代表你可能的最好的生活，而梯子或山的底部代表你可能的最坏的生活。如果顶部的阶数是 10，底部的阶数是 0，你觉得自己现在站在梯子或山的哪一级？"相应的反应类别从 0(可能的最差生活)到 10(可能的最好生活)不等。

④ 这些变量取值范围为：信任 0.07—0.64；慷慨 0.16—0.54；社会支持 0.29—0.99；自由 0.26—0.98。参见 Helliwell，Huang 和 Wang(2016)中的附录表 5。

⑤ 在《世界幸福报告》中，可以看到每个变量对每个国家生活满意度的影响。请注意，如果我们将所有个体的"结题量表"全球差异计算在内，只有 22％的差异是分布在国家之间，78％分布在各国内部(Helliwell，Layard，and Sachs，2012，12)。

⑥ 世界价值观调查。

⑦ Knack(2001).

⑧ 在世界价值观调查中也发现了类似的规模效应，在欧洲社会调查中发现了更

大的规模效应——参见 Helliwell，Huang 和 Wang(2016)的表 2。失业的影响参见第 3 章。

⑨ 总结于 Helliwell 和 Wang(2011)。

⑩ Helliwell(2007).

⑪ Bartolini，Bilancini，and Sarracino(2016)，Sarracino(2010).

⑫ 参见 Helliwell，Layard 和 Sachs(2016)，16。

⑬ 可参见 T. Singer 和 Ricard(2016)，Ricard(2015)，S. L. Brown 等(2003)，Thoits 和 Hewitt(2001)。

⑭ Meier and Stutzer(2008).

⑮ Anik 等(2010)。另请参见 Dunn，Aknin 和 Norton(2008)。

⑯ Harbaugh，Mayr，and Burghart(2007)。另请参见 Zaki 和 Mitchell(2011)，他们也指出，不公平的行为会导致与主观负效用相关的大脑活动。

⑰ Davidson and Begley(2012)，220—223.

⑱ Kahneman，Krueger 等(2004)中的表 1；Krueger，Kahneman，Schkade 等(2009)中的第 2 章；以及 Bryson 和 MacKerron(2017)。

⑲ 例如 Putnam(2000)和 Halpern(2004)。

⑳ Nguyen and Benet-Martínez(2012)，Knight and Gunatilaka(2010)，Knight，Song，and Gunatilaka(2010)，Easterlin，Morgan，Switek，and Wang(2012).关于中国移民的另一种观点，可参见 Easterlin，Wang，and Wang(2017)。

㉑ Stevenson and Wolfers(2008).

㉒ P. Singer(1981)，Pinker(2011).

㉓ 关于自由的重要性的分析，参见 Sen(1999)。

㉔ 显然，畅所欲言和参与政治生活的自由贯穿了这个话题和下一个话题。

㉕ Inglehart and Klingemann(2000).

㉖ Helliwell，Grover，and Wang(2014).

㉗ Helliwell，Grover，和 Wang(2014)中的表 10，第 6 列。

㉘ Helliwell，Grover，and Wang(2014).

㉙ Layard，Mayraz，and Nickell(2010).

㉚ Wilkinson and Pickett(2009).他们没有研究平等和生活满意度之间的关系。

㉛ Stevenson and Wolfers(2010)，Blanchflower and Oswald(2004)，Helliwell(2003)，351，Clark and D'Ambrosio(2015).但积极的结果参见 Morawetz(1977)以及 Schwarze 和 Harpfer(2007)。

㉜ Alesina，Di Tella，and MacCulloch(2004).

㉝ 参见 Diener，Tay 和 Myers(2011)。

㉞ Diener，Tay，and Myers(2011).

㉟ Smith，McCullough，and Poll(2003).

㊱ Pargament(2002).

㊲ Ellison(1991).

㊳ Clark and Lelkes(2009).

㊴ Helliwell，Layard，和 Sachs(2016)，第 3 章。

㊵ 注意这里的收入不包括公共服务带来的好处，而富裕国家的公共服务会更好。

㊶ 关于这个问题，请参见 Becchetti 等(2013)。

㊷ 一个现代的例子是幸福行动：www.actionforhap piness.org。

9　老年人的幸福

老年人有自己的荣耀和辛劳。

——阿尔弗雷德·丁尼生(Alfred Tennyson),《尤利西斯》

随着人们从中年步入老年,他们的境遇在许多方面都发生了变化。①大多数人退休,他们的孩子离家独立生活,身体和认知能力下降,失去亲人的经历也变得越来越普遍。这些变化影响着经济收入、社会关系、独立性和自主权。在年龄增长的同时,有的老年人逐渐摆脱了中年时期许多重要压力源的束缚,重新找到新的机遇。所有这些变化过程意味着,生活满意度的决定因素可能会随着年龄的增长而改变,或者至少,生活满意度的各种来源的相对重要性可能会随着我们年龄的增长而改变。

9.1　老年人的生活满意度

人们可能会认为,随着人们从中年走向老年,生活满意度会逐渐

下降，但事实并非如此。来自不同国家的多项研究表明，从 50—60 岁
年龄段的早期开始，人们的生活满意度会上升，在 70 岁以上年龄段早
期达到峰值。②③图 9.1 用英国老龄化纵向研究（ELSA）的数据概述了
这一模式。在回答"我对自己的生活很满意"这一问题时，参与者给出
的评分从"1＝强烈不同意"到"7＝强烈同意"不等。为了与其他章节
具有可比性，我们将这些回答转换成 0—10 分的量表，只给出这些转
换后的结果。可以看出，50—54 岁年龄段的平均评分从相对较低的水
平上升，达到 70—74 岁左右的峰值。平均而言，男性的生活满意度略
高于女性，尽管这种模式随年龄而异。英国国家统计局（National Sta-
tistics）进行的全国生活满意度调查也得出了类似的结果，70—74 岁
的老人平均评分率最高。④人们对这一现象提出了各种各样的解释，
其中包括老年人越来越注重有限的积极体验和社会交往，而中年人则
更多地关注工作和生活中其他不那么吸引人的方面。⑤这突出了一个
问题：是什么提升着老年人的生活满意度？因此，了解哪些因素可能
与更高的满意度有关，将有助于我们了解如何解决满意度较低的问
题，当然，人与人之间也会存在较大的差异。

9.2　老年人生活满意度的来源

英国老龄化纵向研究为探索不同因素在决定老年生活满意度方

面的相对重要性提供了一个很好的样本。这项研究涉及居住在英国的50岁及以上的男性和女性，他们被招募来代表这个年龄段的人群。[⑥]选择英国老龄化纵向研究进行分析有两个特别的优点。首先，它是一个多学科的研究，所以它包含了许多不同领域的详细措施对生活满意度的影响，包括经济资源、生理和心理健康、身体机能、社会关系。其次，随着时间的推移，带有重复测量的纵向设计意味着我们可以回顾过去几年的情况，看看早年经历的变化在多大程度上与后来的生活满意度有关。

在图9.1中，我们展示了不同年龄段的生活满意度。这些评分来自2012年收集的数据，共有5 413人（55％为女性）参与了英国老龄化纵向研究第六次调查。受访者从54岁至超过90岁不等，平均年龄为

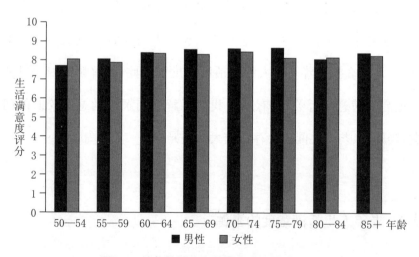

图9.1　按年龄划分生活满意度均值（0—10）
（英国老龄化纵向研究）

注：以年龄和性别划分的第六次英国老龄化纵向研究的生活满意度平均值。

68 岁。从横截面分析开始,我们的策略是建立一个回归模型,包括在一个整体模型中生活满意度的潜在相关性的不同方差集。我们使用广义线性模型(GLM)方法来考虑分类变量和连续变量。这些分析中包含的变量的详细信息参见在线附录 9,样本特征的描述见在线表格 A9.1。

我们的模型包括年龄和性别,从图 9.1 可以看出,不同年龄之间存在差异,男性对生活满意度的评分往往略高于女性。模型还包括种族(将我们的样本分为欧洲白人和非白人群体)、教育、收入和就业状况。[7]教育程度、经济资源和有薪工作都在前几章和其他与生活满意度有关的工作中有所体现,因此我们在考虑到这些因素后,调查了其他因素的影响。[8]在图 9.2 中,我们在分析中同时包含了四组因素,并给出了标准化回归系数。

社会关系和参与构成了第一组因素(图 9.2 中的第一个面板)。我们的模型包括了一系列变量,如是否已婚、孤独感、社交网的规模、从社交中得到的社会支持程度、在俱乐部等组织中的参与度,以及文化活动的参与度。所谓文化活动参与度,是指受访者参加音乐会或剧院、参观博物馆和画廊等活动的程度。与从未结过婚或离婚的受访者相比,已婚的受访者生活满意度更高,而那些不那么孤独、得到更多社会支持的受访者生活满意度也更高。此外,在参与组织和文化活动方面更积极的受访者生活满意度更高。孤独与生活满意度呈最强烈的负相关,当它从模型中移除时,守寡与较低的生活满意度显著相关。

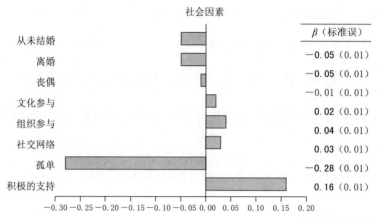

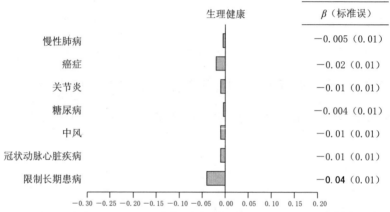

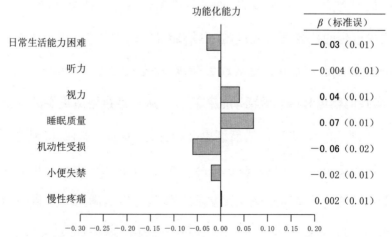

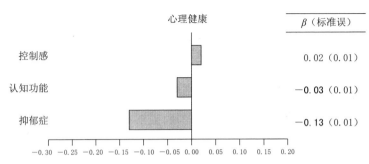

**图 9.2　哪些因素影响了 50 岁以后的生活满意度(横截面)(β 系数)
(英国老龄化纵向研究)**

注:这些图表展示了可能影响生活满意度的四组因素所对应变量经标准化后的
β-系数值。所有的估计都经过双向调整,例如所有的变量都被包括在同一个模型中。
年龄、性别、种族、教育、收入、就业状况等变量也包括在模型之中。模型可以解释被解
释变量 33% 的变化(调整后的 R^2)。

样本量 $N = 5\ 413$。

我们评估的第二组因素与生理健康有关。这是根据医生诊断的
严重疾病(如癌症、关节炎和冠心病)以及长期限制性疾病的存在作为
更广泛的健康标志来评估的。图9.2 的第二个面板为每一个变量归纳
了标准化回归系数(β)。正相关系数表明该变量与较高的生活满意度
有关,负相关系数与较低的满意度有关。正如我们所看到的,关于健
康的一般问题与生活满意度有关,而个体疾病与生活满意度无关。其
中的部分原因是因为个体疾病发生概率较少,而身体健康状况很大程
度是与长期限制性疾病相关。由于人们与同伴一起生活(样本统计量
为 3 535),我们也调查同伴的自评健康的影响,在其他条件不变的情
况下,表现出与生活满意度强烈的负相关的关系:(β[标准误]=
-0.06[0.02])。

我们的下一组因素与人的身体机能有关。随着年龄的增长,我们

的感官会退化,我们的听觉和视觉可能会不如从前,我们的睡眠可能会变得更糟,我们的行动能力会下降,我们可能会在日常生活的正常活动中产生困难,如洗澡、淋浴,或控制小便。这些因素会损害我们对生活的满意度。如图 9.2 中的第三个面板所示,它们对生活满意度有相当大的影响,生活满意度低与视力差、睡眠质量差、小便失禁和更多的活动障碍之间存在独立联系。

最后,心理健康这一指标由抑郁症状和诊断的抑郁症,以及人们对生活更广泛的控制感和认知能力来评估。后者是通过对记忆、语言流感、注意力和处理速度等一系列认知测试的综合反应来评估。所有这些数据都是在 2010 年测量的,目的是为了避免直接影响 2012 年获得的生活满意度评分。结果表明,精神健康与老年生活满意度(如图 9.2 中的底部面板所示)之间存在很强的相关性,抑郁症状与生活满意度之间存在很大的负相关,而对生活有更强控制感的个体满意度更高。

总的来说,这四组因素综合起来解释了英国老年人生活满意度变化的很大一部分(33%)。关联度最大的是精神健康、社会关系和参与。这些研究结果表明,以改善心理健康、增加社会联系和社会支持为目标的努力,可能在提高生活满意度方面提供最好的回报。我们还通过表 9.1 中 0—10 分制的非标准化系数提供了这种影响的量化数值。例如,孤独感量表增加 1 个单位,生活满意度 0—10 量表下降 0.49 分。

表 9.1　哪些因素影响了 50 岁以后的生活满意度(0—10)
(英国老龄化纵向研究)(横截面)(非标准化系数)

	单位	非标准化系数(标准误)
年龄	年	**0.003**(0.002)
是否为女性	1, 0	0.01(0.02)
种族(是否为白人)	1, 0	**0.11**(0.07)
教育程度(中等与低等)	1, 0	−0.03(0.03)
教育程度(高等与低等)	1, 0	**−0.09**(0.03)
收入(十分位)	十分位	**0.02**(0.004)
就业状态(退休与在职)	1, 0	**0.07**(0.03)
就业状态(失业与在职)	1, 0	−0.05(0.04)
婚姻状况(未婚与已婚)	1, 0	**−0.2**(0.04)
婚姻状况(离婚与已婚)	1, 0	**−0.13**(0.03)
婚姻状况(丧偶与已婚)	1, 0	−0.01(0.03)
文化活动参与度	频率 0—5	0.02(0.01)
组织参与度	♯会员身份(0—8)	**0.03**(0.01)
社交网络	♯人	**0.006**(0.003)
UCLA 孤独量表	(3 个项目)	**−0.49**(0.02)
正面支持	1—4	**0.27**(0.02)
慢性肺病	1, 0	−0.02(0.05)
癌症	1, 0	−0.07(0.04)
关节炎	1, 0	−0.01(0.02)
糖尿病	1, 0	−0.03(0.08)
中风	1, 0	−0.07(0.11)
冠心病	1, 0	−0.08(0.09)
限制性慢性病	1, 0	−0.08(0.03)
日常活动困难	困难点数量(0—6)	**−0.04**(0.02)
听力	0—4 分量表	−0.003(0.01)
视力	0—4 分量表	**0.04**(0.01)
睡眠质量	0—3 分量表	**0.08**(0.01)
行动能力受损	♯受损数量	**−0.02**(0.01)
小便失禁	1, 0	−0.04(0.03)
慢性疼痛	1, 0	0.004(0.02)
W5 控制感	指数(1—6)	0.01(0.01)
认知功能得分 W5	指数	**−0.005**(0.002)
抑郁症状量表 W5	指数(1—8)	**−0.06**(0.01)
观测量		5 413
校正 R^2		0.33

注:♯号表示统计学意义上定量变量的数量,数值大小可比较且有定量意义。这些图表展示了每个变量未经标准化的系数值。所有的估计都经过双向调整,例如,所有的变量都被包括在同一个模型中。

表 9.2　哪些因素影响了 50 岁以后的生活满意度(0—10)：按年龄段划分
(英国老龄化纵向研究)(非标准化系数)

	54—64 岁	65 岁以上
年龄	0.01(0.01)	0.002(0.002)
是否为女性	0.04(0.04)	−0.02(0.03)
种族是否为白人	**0.18**(0.09)	0.01(0.1)
教育程度(中等与低等)	0.01(0.04)	**−0.05**(0.03)
教育程度(高等与低等)	−0.03(0.05)	**−0.13**(0.04)
收入(十分位)	**0.02**(0.01)	0.01(0.01)
就业状态(退休与在职)	**0.11**(0.04)	0.03(0.05)
就业状态(失业/主妇与在职)	**−0.1**(0.06)	0.01(0.07)
婚姻状况(未婚与已婚)	**−0.26**(0.06)	**−0.1**(0.06)
婚姻状况(离婚与已婚)	**−0.19**(0.05)	−0.07(0.05)
婚姻状况(丧偶与已婚)	**−0.29**(0.09)	0.04(0.04)
文化活动参与度	0.02(0.02)	0.01(0.01)
组织参与度	**0.02**(0.01)	**0.03**(0.01)
社交网络	**0.01**(0.005)	0.003(0.003)
UCLA 孤独量表	**−0.54**(0.04)	**−0.45**(0.03)
正面支持	**0.25**(0.04)	**0.28**(0.03)
慢性肺病	**−0.18**(0.1)	0.04(0.05)
癌症	**−0.19**(0.08)	−0.03(0.05)
关节炎	0.00(0.04)	−0.01(0.03)
糖尿病	0.06(0.15)	−0.07(0.1)
中风	0.26(0.31)	−0.12(0.12)
冠心病	−0.05(0.22)	−0.08(0.1)
限制性慢性病	−0.05(0.05)	**−0.09**(0.03)
日常活动困难	−0.01(0.03)	**−0.05**(0.02)
听力	−0.001(0.016)	−0.01(0.01)
视力	**0.03**(0.02)	**0.04**(0.01)
睡眠质量	**0.07**(0.02)	**0.08**(0.02)
行动能力受损	**−0.02**(0.01)	**−0.02**(0.01)
小便失禁	−0.04(0.05)	−0.04(0.03)
慢性疼痛	0.02(0.04)	0(0.03)
W5 控制感	**0.03**(0.01)	0(0.01)
认知功能得分 W5	**−0.007**(0.003)	−0.004(0.002)
抑郁症状量表 W5	**−0.04**(0.01)	**−0.07**(0.01)
观测量	2 028	3 385
校正 R^2	0.37	0.30

9.2.1 年龄差异

这些结果来自所有年龄范围内的研究参与者。但随着人们从中年晚期步入老年，其中一些因素可能变得更加重要。因此，我们将样本分为 54—64 岁（$N=2\ 028$）、65 岁及以上（$N=3\ 385$）两组进行重复分析，结果如表 9.2 所示。总的来说，由这些因素解释的生活满意度的变化在较年轻的人群中比较年长的人群中更大（37% 与 30%）。基本模型中的因素（年龄、性别、种族、教育、收入和就业）对年轻参与者的影响更大，这在一定程度上可以解释为就业对处于工作年龄的人更重要。在这两个年龄组中，其他因素的相对影响是差不多的，社会关系、参与和精神健康都是最重要的。老年人的生理健康和身体机能比年轻人发挥更大的作用，因为这些主要问题，如限制性长期疾病、视力下降或活动能力下降，变得更加突出。

9.2.2 性别差异

最后，我们将样本分为男性和女性，以调查潜在的性别差异（如表 9.3 所示）。有趣的是，虽然退休对男性的生活满意度有积极的影响，但对女性却不是这样。年龄越大、收入越高、受教育程度越低，女性的生活满意度越高。社会和精神健康因素在男性和女性中的表现相似，而生理健康（限制性长期疾病）和身体机能对男性的生活满意度的影响大于女性。唯一的例外是行动不便对女性有负面影响，但对男性没有。

表 9.3　哪些因素影响了 50 岁以后的生活满意度(0—10):按性别划分
(英国老龄化纵向研究)(非标准化系数)

	男性	女性
年龄	0(0.002)	0.006(0.002)
种族是否为白人	0.15(0.1)	0.08(0.1)
教育程度(中等与低等)	0.02(0.04)	**−0.06**(0.03)
教育程度(高等与低等)	−0.07(0.04)	**−0.09**(0.04)
收入(十分位)	0.01(0.01)	**0.02**(0.01)
就业状态(退休与在职)	**0.11**(0.04)	0.04(0.04)
就业状态(失业/主妇与在职)	−0.01(0.08)	**−0.08**(0.05)
婚姻状况(未婚与已婚)	**−0.16**(0.06)	**−0.24**(0.06)
婚姻状况(离婚与已婚)	−0.06(0.05)	**−0.17**(0.04)
婚姻状况(丧偶与已婚)	0.01(0.06)	−0.03(0.04)
文化活动参与度	0.02(0.02)	0.02(0.02)
组织参与度	**0.03**(0.01)	**0.03**(0.01)
社交网络	**0.011**(0.004)	0.003(0.004)
UCLA 孤独量表	**−0.48**(0.04)	**−0.49**(0.03)
正面支持	**0.22**(0.03)	**0.31**(0.03)
慢性肺病	−0.04(0.07)	0(0.06)
癌症	−0.07(0.06)	−0.04(0.06)
关节炎	−0.01(0.03)	−0.02(0.03)
糖尿病	0.01(0.11)	−0.07(0.12)
中风	−0.08(0.15)	−0.06(0.18)
冠心病	−0.1(0.13)	−0.09(0.13)
限制性慢性病	**−0.09**(0.04)	**−0.07**(0.04)
日常活动困难	**−0.05**(0.03)	−0.03(0.02)
听力	0.001(0.014)	−0.01(0.01)
视力	**0.06**(0.02)	**0.03**(0.02)
睡眠质量	**0.09**(0.02)	**0.07**(0.02)
行动能力受损	−0.01(0.01)	**−0.03**(0.01)
小便失禁	**−0.11**(0.06)	−0.01(0.03)
慢性疼痛	0.01(0.04)	0.005(0.033)
W5 控制感	**0.02**(0.01)	0.001(0.011)
认知功能得分 W5	**−0.006**(0.003)	−0.004(0.003)
抑郁症状量表 W5	**−0.08**(0.01)	**−0.06**(0.01)
观测量	2 438	2 975
校正 R^2	0.30	0.34

注:加粗的系数表示在 10% 水平上具有显著相关性。

9.3 生活满意度随年龄增长而改变

上一节描述的结果是基于生活满意度及其相关性的横截面分析，所以我们不知道因果关系。例如，人们可能会因为健康状况不佳而生活满意度低，或者生活满意度低可能会影响健康。探索这个问题的一种方法是研究潜在决定因素的变化与生活满意度之间的关系。例如，如果健康状况的恶化或文化活动的减少预示着生活满意度的变化，这将使我们了解可能用来改善老年人的生活质量和福祉的手段。因此，我们测试了经济、社会和个人因素在老年阶段的变化与生活满意度轨迹之间的关系。

我们通过研究 2004—2012 年的八年间 3 230 个样本（55％为女性）的变化，探索了这些关系。这些分析的结果变量是在这两个时间点测量的生活满意度之间的差异，所以正的分数表明生活满意度有所提高。在 0—10 分的量表中，2004 年的平均生活满意度得分为 7.28，2012 年为 6.97，因此，随着时间的推移，平均生活满意度有轻微的下降。表9.4 描述了被认为是影响生活满意度轨迹的潜在因素的特征的变化。平均变化往往非常接近于零，我们也给出了改善（上升）和变差（下降）的百分比，表明确实有实质性的变动。例如，四分之一的受访者表示他们的社交网范围在缩小，而 20％的受访者的社交网络规模在扩大。21%和26%的受访者认为自己的听力或视力有所提高,这可能是因为他们开始使用助听器或眼镜。

表 9.4　2004—2012 年间老年人各种特征变化情况(英国老龄化纵向研究)

	2004 年		2012 年		2001—2012 年间的变化			
	均值	标准差	均值	标准差	均值	标准差	变糟(%)	变好(%)
生活满意度(0—10)	7.28	1.89	6.97	2.07	−0.31	(2.06)	33	21
年龄	62.8	(7.5)	71.1	(7.8)	8.25	(1.05)		
收入(十分位)	6.39	(2.79)	5.61	(2.72)	−0.79	(2.66)	53	25
就业*	0.38	(0.49)	0.14	(0.35)	−0.24	(0.45)	25	1
婚姻状况*	0.73	(0.44)	0.68	(0.46)	−0.05	(0.28)	6	2
文化参与度	1.57	(1.07)	1.46	(1.08)	−0.11	(0.80)	43	31
组织参与度	1.74	(1.47)	1.67	(1.45)	−0.07	(1.29)	32	28
社交网络	7.41	(4.18)	7.16	(4.10)	−0.25	(4.12)	25	21
孤独量表$	1.31	(0.45)	1.36	(0.49)	−0.05	(0.46)	27	21
正面支持	3.12	(0.56)	3.20	(0.50)	0.08	(0.48)	41	55
慢性肺病*	0.01	(0.10)	0.05	(0.23)	0.04	(0.23)	5	0
癌症*	0.03	(0.16)	0.06	(0.24)	0.04	(0.27)	6	1
关节炎*	0.32	(0.47)	0.42	(0.49)	0.11	(0.37)	12	2
糖尿病*	0.05	(0.22)	0.01	(0.11)	−0.04	(0.25)	1	5
中风*	0.01	(0.11)	0.01	(0.09)	0.00	(0.14)	1	1
冠心病*	0.02	(0.15)	0.01	(0.12)	−0.01	(0.19)	1	2
限制性慢性病*	0.27	(0.45)	0.35	(0.48)	0.08	(0.50)	17	9
日常活动困难程度$	0.24	(0.74)	0.31	(0.86)	−0.07	(0.79)	12	8
听力	2.54	(1.07)	2.30	(1.07)	−0.24	(1.00)	37	21
视力	2.61	(0.87)	2.51	(0.91)	−0.10	(1.02)	33	26
行动受损次数$	1.50	(2.15)	1.90	(2.43)	−0.40	(1.79)	35	21
慢性痛$	0.33	(0.47)	0.42	(0.49)	−0.10	(0.52)	19	9
控制感	2.93	(1.44)	2.90	(1.36)	−0.03	(1.56)	33	33
认知功能得分	31.30	(5.35)	30.90	(5.93)	−0.40	(4.79)	48	43
抑郁症状量表$	1.25	(1.75)	1.23	(1.74)	0.02	(1.82)	28	29
观测量								3 230

注:* 表示将二值变量建模为分类变量;$ 表示一个变化的负值代表更糟糕的演变。

　　在这些分析中,我们的基本模型不仅包括 2004 年的年龄和性别等固定因素,还包括收入和就业状况的变化。有趣的是,我们没有观察到退休或离开带薪工作的人与那些情况稳定的人相比,在生活满意度的变化方面有任何差异;这可能是因为退休具有积极和消极的影响,这取决于个人的情况和所采取的措施。[9]

　　图 9.3 和表 9.5 估计了四组因素的影响,这些因素大体上与我们以前测算过的因素相对应。社会关系和参与因素再次成为最重要的因素。令人惊讶的是,从结婚到离婚或丧偶的变化与生活满意度并没有显著相关,但这一类别的人数相对较少($N=201$, 6.2%)。另一方面,孤独感的减少、对社会和其他组织的参与度的增加、积极支持的增加以及更多的文化参与,都与 8 年间生活满意度的提高有关。当孤独从模型中移除时,从结婚到离婚/丧偶的变化与生活满意度之间的关系就会变得负相关(尽管仍然不显著)。

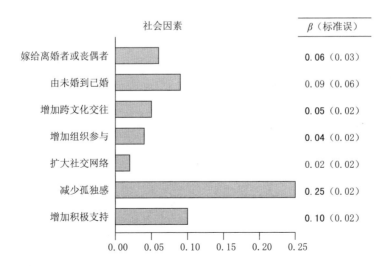

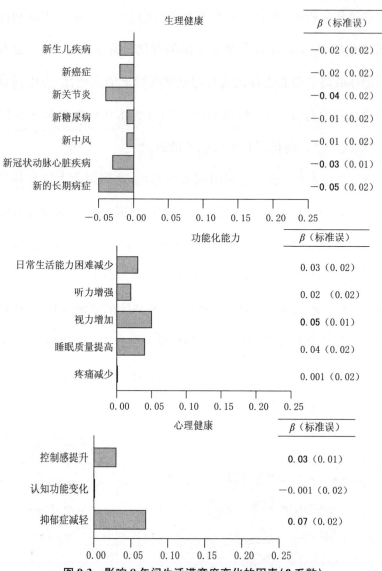

图 9.3　影响 8 年间生活满意度变化的因素（β 系数）
（英国老龄化纵向研究）

注:这些图表展示了可能影响生活满意度的四组因素所对应变量经标准化后的 β 系数值。与横向分析的情况类似,用以标准化的标准差由 2012 年数据求得。所有的估计都来自经双向调整后的一个总体模型,即所有变量都被包括在同一个模型之中。年龄、性别、种族、教育、收入的变化、就业状况等变量也包括在模型之中。模型可以解释被解释变量 12% 的变化(调整后的 R^2)。样本量 $N = 3\,230$。

表 9.5　影响 8 年间生活满意度(0—10)变化的因素
（英国老龄化纵向研究）

	单位	非标准化系数（标准误）
2004 年时的年龄	年	−0.001(0.002)
是否为女性	1, 0	−0.01(0.03)
种族是否为白人	1, 0	**−0.25**(0.13)
教育程度（中等与低等）	1, 0	0.05(0.04)
教育程度（高等与低等）	1, 0	−0.02(0.04)
2004—2012 年的收入变化	十分位	−0.002(0.005)
2004—2012 年间的就业情况变化（对照组保持不变）：		
在职→失业	1, 0	0.02(0.04)
失业→在职	1, 0	0.21(0.14)
2004—2012 年间的婚姻状况变化（对照组保持不变）：		
已婚→离婚/丧偶	1, 0	**0.11**(0.06)
未婚→已婚	1, 0	0.17(0.11)
文化活动参与度变化$	频率 0—5	**0.04**(0.02)
社会组织参与度变化$	♯会员数	**0.02**(0.01)
社交网络变化$	♯人	0.004(0.003)
孤独情况的变化$	指数(3 条)	0.44(0.03)
正面支持的变化	指数(1—4)	0.17(0.03)
新增慢性肺病	1, 0	−0.07(0.06)
新增癌症	1, 0	−0.07(0.06)
新增关节炎	1, 0	**−0.07**(0.04)
新增糖尿病	1, 0	−0.03(0.13)
新增中风	1, 0	−0.13(0.16)
新增冠心病	1, 0	**−0.24**(0.12)
长期限制性疾病的变化（对照组状态不变）	1, 0	
新增慢性病	1, 0	**−0.09**(0.04)
长期限制性疾病治愈	1, 0	**0.09**(0.05)
日常活动能力变化$	困难点数量(1—6)	0.04(0.02)
听力变化$	量表 0—4	0.01(0.01)
视力变化$	量表 0—4	**0.05**(0.01)
行动受损方面的变化$	♯受损次数	0.01(0.01)
疼痛变化$	1, 0	0(0.03)
控制感变化$	指数(1—6)	**0.02**(0.01)
认知功能得分 W5$	指数	0(0)
抑郁症状量表 W5 的变化	指数(0—8)	**0.03**(0.01)
观测数量		3 230
校正 R^2		0.12

注：♯号表示统计学意义上定量变量的数量，数值大小可比较且有定量意义。表格所示的为可能影响生活满意度的四组因素所对应变量未经标准化的 β 系数值。所有的估计都来自同一个经双向调整的总体模型。$ 表示一个变化的负值代表更糟糕的演变。

在健康领域,我们发现那些在 8 年的时间里患上冠心病或一种新的长期疾病的人的生活满意度会下降。在水平分析中(如图 9.2 所示),个体慢性疾病缓解与生活满意度无关。身体机能变化也很重要,因为视力改善的人生活满意度下降的幅度较小。最后,在精神健康方面,2004—2010 年抑郁症状的减轻和控制感的改善,预示着到 2012 年生活满意度将会有所提高,而认知功能的变化则没有影响。

总的来说,这些随着年龄增长而发生变化的因素占人们生活满意度变化的 12%。在横截面分析中,我们希望探究年龄或性别对观察到的关联有何影响。这些在线上表格 A9.2 和 A9.3 中都有描述,并没有显示出年龄和性别会造成差异。影响生活满意度变化的主要因素是孤独感和情感支持的改变、视力的提高和抑郁症状的减轻。只有在男性和 65 岁以下的人群中,限制性长期疾病与生活满意度有关。

9.4 结论

在本章中,我们探讨了哪些因素影响老年人的幸福感。在某种程度上,我们的研究结果证实了对老年生活早期阶段的生活满意度的分析内容。[⑩]经济环境虽不是起主要作用,但也起了一定作用;退休似乎对幸福感有积极影响;而精神健康和身体健康则都对幸福感有重要影响。但随着老年人的年龄增长,我们的视觉、听觉和独立活动能力的损伤的影响变得越来越大。与早期不同的是,身体的不健康在生活满意度的决定因素中只扮演了相对较小的角色,而满意度可能与接受和适应有关,因为随着年龄的增长,人们"预期"健康状况会下降。最引人注目的是社会活动和参与所起的关键作用:孤独是影响生活满意度最消极的因素之一。抑郁症状所起的重要作用是意料之中的,因为抑郁与生活满意度的测量有关;这些结果也强调了心理健康对老年人幸福感的重要性。社会交往和活动有一系列积极的结果,如应对能力,感觉被尊重和认可。由于精神健康和社会活动也与过早死亡有关,因此应重点减少社会孤立和抑郁症的治疗。令人鼓舞的是,这些都是可以改变和可以重塑的因素。在老年人中,以改善精神健康、增加社会联系、社会支持为目标的努力可能会在生活满意度方面带来最大的收益。

注释

① 不同机构和世界各地对老年人的定义不尽相同。通常统计口径为 60 岁和 65 岁,但世界卫生组织在最小数据集项目中使用 50 岁来定义老年人。我们在本章中没有采用严格的定义。

② 例如 Stone 等人(2010)。

③ Cheng,Powdthavee and Oswald(2017)。

④ 参见英国国家统计局网站:http://www.ons.gov.uk/peoplepopulationandcommunity/wellbeing/datasets/measuringnationalwellbeinglifesatisfaction。

⑤ Steptoe,Deaton,and Stone(2015)。

⑥ Steptoe,Breeze, et al.(2013)。

⑦ 在英国老龄化纵向研究中,非白人参与者的比例非常小(2.1%)。

⑧ Kahneman and Deaton(2010);Pinquart and Sorensen(2000)。

⑨ Westerlund et al.(2009),Olesen et al.(2014)。

⑩ Lamu and Olsen(2016)。

第二部分

什么塑造了成功的童年？

10 家庭收入

世界上一半人不知道另一半人如何生活。

——约瑟夫·霍尔(Joseph Hall)，

《神圣观察》(*Holy Observations*，1607)

最后我们回到了童年。我们早期的经历如何决定我们孩童时期的情绪健康？它又是如何影响儿童发展的其他关键维度——我们的行为和智力表现？

为了回答这些问题，我们转向一项引人注目的调查，这项调查是比世界上大多数其他调查更频繁、更详细地儿童追踪调查。这就是埃文郡父母与子女的追踪调查(ALSPAC)。这项调查试图涵盖1991年4月—1992年12月期间在布里斯托(一个将近50万人口的城市)和巴斯及其周围出生的所有儿童。尽管随后出现了一些人员流失和对个别问题没有回应的情况，但有效样本的比例达到了70%左右。[①]

这项调查使我们能够仔细研究许多童年影响的作用，所有这些影响都包含在第二部分的在线表格中。但在接下来的内容中，我们将重点关注公共政策能够产生重大影响的五个重要方面。包括：

- 儿童贫困；

- 父母工作；

- 育儿和父母心理健康；

- 家庭冲突；

- 教育质量。

我们各有一章是关于这五种经历的。问题是它们如何影响儿童发展的三个主要维度：情绪、行为和智力。我们使用成果—年龄—测度方法表格来测量这些维度，如表 10.1 所示。

表 10.1　测量维度及方式

表现	年龄（岁）	测量方式
情绪	16，11	短期情绪和感受调查问卷（SMFQ），以母亲和孩子回答的平均值衡量
	5	长处与困难调查问卷（SDQ），母亲回答
行为	16、11、5	长处与困难调查问卷（SDQ），母亲回答
智力	16	英国普通中等教育证书（GCSE）分数
	11	国家课程考试成绩（SATs）
	5	本地入学评估

在接下来的五章中，我们会一直按照这一顺序得出结果——从本质上最重要的东西开始，那就是孩子的情绪健康。在其他条件相同的情况下，我们来进一步探究它是如何受到各章节主题相关的具体经历的影响。不用说，5 岁时的表现必须用 5 岁以前的经历来解释；同样，11 岁时的表现由 11 岁之前的经历解释，以此类推。这个道理适用本

部分各个统计图表。

10.1 贫困与儿童成长

如果父母很穷,孩子们会受到怎样的影响呢? 我们用家庭中相当于成年人的人均收入的对数来衡量收入。[②]同接下来的五章一样,现在的首要问题是在所有其他因素保持不变的基础上,收入会如何影响孩子的成长。以这种方式提出这一问题是很重要的。因为政策制定者想知道他们可以通过直接解决这个问题——在本章中就是儿童贫困问题——来达到什么目的。他们可以通过为儿童筹集资金来实现什么? 要回答这个问题,我们需要保持其他因素不变,包括父亲的失业情况、母亲的工作、父母的育儿方式、父母分离、家庭冲突、母亲的精神健康、父亲的精神健康和中小学的影响,以及出生前的变量,如父母的教育、出生时母亲的年龄、性别、民族、出生顺序、出生体重、早产等情况。

10.2 家庭收入对情绪健康的影响

那么,关于儿童贫困的影响,埃文郡调查告诉了我们什么呢? 正如我们将看到的,它证实了一个众所周知的事实,收入影响孩子的学习成绩。但埃文郡调查也显示,收入对儿童情绪健康和行为的影响要小得多。

表 10.2 的第一列显示了 β 系数,即对收入解释能力的估计。这表明家庭收入在儿童情绪健康差异方面的解释力不足 1%。[③]

表 10.2　家庭收入的对数值是如何影响儿童的情绪健康
(埃文郡调查)

对标准化情绪健康的产生影响的年龄	β 系数	非标准化的 log 收入
16	**0.07**(0.02)	**0.12**(0.04)
11	**0.04**(0.02)	**0.06**(0.03)
5	**0.10**(0.01)	**0.17**(0.02)

注:括号内为稳健标准误。控制变量包括:父亲是否失业、母亲在孩子出生第一年工作时间的占比、此后母亲工作时间的占比(截至所示的年龄)、父母的关心程度、父母的严厉程度、家庭矛盾情况、父母是否离异、母亲的精神健康状况、父亲的精神健康状况、父母的教育程度、出生时母亲的年龄、出生时父母的婚姻状况、孩子的性别、种族、出生顺序、兄弟姐妹的人数、出生时的体重、是否早产、在产检时怀孕的月数以及小学和中学固定效应。情绪健康:以短期情绪和感受调查问卷(SMFQ)中的 16 岁和 11 岁标准化的自评和母亲评价来测度;内化了 5 岁时长处与困难调查问卷(SDQ)有关内容的标准化的母亲评价。收入:3 岁、4 岁、7 岁、8 岁和 11 岁时的成人平均收入等量计算(以不变价格的英镑计算)。收入的对数值为截至对应年龄时平均收入的对数值。粗体表示 $p<0.10$(双侧)。
资料来源:线上完整的表 10.1。

然而,政策制定者会问一个不同的问题,即如果我们让他们的家庭收入增加 10%,我们的孩子快乐程度如何? 表 10.1 的第二列解决了这个问题。结果显示,如果一个孩子的收入在整个童年时期增加 10%,那么这个孩子在每个年龄段的幸福感只会增加 0.012 个标准差。

其他研究也得出了类似的结论。例如,格雷格·邓肯(Greg Duncan)和珍妮·布鲁克斯-冈恩(Jeanne Brooks-Gunn)在他们 1999 年出版的关于美国儿童的书《贫困成长的后果》(*Consequences of Growing Up Poor*)中得出结论,与认知结果相比,心理健康、生理健康和行为等非认知结果对家庭收入的敏感度更低。[④]一些研究甚至得出结论,家庭收入对儿童的行为或情绪健康没有直接影响,只有间接影响。[⑤]相似地,在埃文郡调查样本(保持母亲的心理和生理健康不变)中也发现,孩子的身体健康与家庭收入无关。[⑥]

10.3 家庭收入对行为的影响

我们把目光转向行为,如表 10.3 所示,结果十分类似。甚至家庭经济状况与子女行为之间的总相关性(即不控制其他任何变量)也不高。[⑦]

表 10.3 家庭收入是如何影响儿童行为(埃文郡调查)

对标准化行为产生影响的年龄	β 系数	非标准化的 log 收入
16	**0.08**(0.02)	**0.13**(0.04)
11	**0.06**(0.02)	**0.10**(0.03)
5	**0.02**(0.01)	**0.03**(0.02)

注:括号内为稳健标准误。额外的控制变量详见表 10.1 的注释。行为:采用外化了 16 岁、11 岁和 5 岁时长处与困难调查问卷有关内容的标准化的母亲评价来衡量。收入:3 岁、4 岁、7 岁、8 岁和 11 岁时的成人平均收入等量计算(以不变价格的英镑计算)。收入的对数值为截至对应年龄时平均收入的对数值。粗体表示 $p < 0.10$(双侧)。

资料来源:线上完整的表 10.2。

10.4　家庭收入对智力表现的影响

相比之下,如果我们转向智力表现,则会产生不同程度的影响,如表 10.4 所示,收入与智力表现之间的 β 系数(或偏相关)在每一年龄段都接近于 0.14。家庭收入增加 10% 会导致智力表现增加 0.024 个标准差。[8]

表 10.4　家庭收入是如何影响儿童智力表现的(埃文郡调查)

对标准化智力表现产生影响的年龄	β 系数	非标准化的 log 收入
16	**0.14**(0.01)	**0.24**(0.02)
11	**0.14**(0.01)	**0.24**(0.02)
5	**0.13**(0.01)	**0.21**(0.02)

注:括号内为稳健标准误。额外的控制变量详见表 10.1 的注释。智力表现:以标准化的 16 岁时的普通中等教育证书考试得分、标准化的 11 岁时的"关键阶段 2"测试得分以及标准化的 5 岁时的地方学校入学评价测试得分来衡量。收入:3 岁、4 岁、7 岁、8 岁和 11 岁时的成人平均收入等量计算(以不变价格的英镑计算)。收入的对数值为截至对应年龄时平均收入的对数值。粗体表示 $p < 0.10$(双侧)。
资料来源:线上完整的表 10.3。

假设一个贫困的家庭只有一个孩子,家庭总收入为 15 000 英镑。这意味着约 1 万英镑(在 16 年中每年增加 4%)能使得孩子的普通中等教育证书(GCSE)表现提高 0.010 个标准差。

这是一个相当高的成本。因此,政策制定者可能会问另一个问题:有没有其他措施可以提高贫困儿童的学业表现? 如线上表 A10.1

所示,智力表现与中学教育质量之间存在高度相关性。根据第 14 章
的预测,我们发现埃文郡问卷中表现最好和最差的三所中学(保持子
女和家长特征不变)的 GCSE 成绩相差 0.46 个标准差。假设每个学生
每年学费 2 000 英镑或 5 年 1 万英镑。每增加 1 万英镑的投入将使学
生的表现增加 0.46 个标准差——比直接把同样金额的钱给父母要有
效得多。

如果你想知道这些结果是否对于收入对学业成绩的定量影响太
过消极,它们实际上与早期的研究是一致的。[⑨]例如,乔·布兰登(Jo
Blanden)和保罗·格雷格(Paul Gregg)使用了三个早期的英国数据集
(BCS;BHPS;国家儿童发展研究,NCDS)来衡量家庭收入在 16 岁时
如何影响普通中等教育证书成绩。[⑩]他们得出的结论是,当家庭收入
下降 33% 时,获得 GCSE A* —C 成绩的儿童比例会下降 3—4 个百分
点。[⑪]这对应 β 系数约 0.1——和我们估计的 0.15 基本相当。

对于美国,达龙·阿西莫格鲁和约恩·斯特芬·皮施克(Daron
Acemoglu and Jörn-Steffen Pischke)使用了由国家教育统计中心(Na-
tional Center For Education Statistics)赞助的三项关于辍学者的纵向
研究。这些表明,家庭收入增长 10% 会导致大学入学率的概率增加
1.4%,这意味着 β 系数约为 0.14——结果再次相似。[⑫]同样在 3—5 岁
的早些时候,杨李唯君(Wei-Jun Jean Yeung)和他的同事们分析了收
入动态的面板研究,并且发现家庭收入对认知能力有 β 系数为 0.15 的
影响。[⑬]

造成这一现象的部分原因是，高收入家庭的父母比低收入家庭的父母把更多的收入投入在孩子的教育上。例如，美国的一项研究使用了两项具有全国代表性的支出调查，结果显示处于最低家庭支出五分之一的美国家庭将其总支出的3％用于教育丰富项目（例如学前教育、戏剧课程、音乐课程）；而收入最高的五分之一家庭会投入总支出的9％。[14]

10.5 结论

收入不足不是造成经济困难的唯一原因。[15]但是在其他因素不变的情况下，家庭收入对孩子的情绪健康和行为影响有限。然而，家庭收入与孩子的学业成绩之间有着更强的相关性。

注释

① 参见在线调查细节。

② 收入是在3岁、4岁、7岁、8岁和11岁时测量的。对数数字是到相关年龄为止的平均收入的对数。

③ 男孩和女孩都是这样。参见线上表A10.1。

④ Duncan and Brooks-Gunn(1999).

⑤ 关于美国的研究，请参见 Yeung, Linver 和 Brooks-Gunn(2002)和 Mistry 等(2002)。英国的研究可参见 Washbrook, Gregg 和 Propper(2014)。Ford, Goodman 和 Meltzer(2004)通过对英国儿童和青少年心理健康的全国性调查表明，在其他条件不变的情况下，家庭收入对儿童的心理健康没有影响，无论是对不同年龄段的儿童，还

是对随时间变化的同一批儿童。

⑥ Burgess，Propper，and Rigg（2004）.收入和自尊也不相关（Axinn，Duncan，and Thornton，1997）。

⑦ 参见在线描述性统计，表 D.10。

⑧ 总体效果及其分类参见线上表 A10.2，其中包括情绪、行为和智力成果。

⑨ Blanden and Gregg（2004）.基本的控制包括孩子的性别、种族、按家庭中兄弟姐妹人数设置各自的虚拟变量以及父母的年龄组。关于 NCDS 中经济问题的影响（不保持收入不变），可参见 Gregg 和 Machin（2000），其研究展现出对出勤情况和在校时间的显著影响。

⑩ 参见 Blau（1999），Shea（2000），Maurin（2002）和 Hardy（2014）对直接影响的研究证据，以及 Guo 和 Harris（2000），Yeung，Linver 和 Brooks-Gunn（2002），Wash-brook，Gregg 和 Propper（2014）中研究收入对于儿童成果的间接影响的研究证据。参见 Haveman 和 Wolfe（1995）对在此背景下采取的多学科方法的优秀总结。

⑪ 有关研究把衡量收入以外的经济状况作为儿童成就的决定因素。财富或金融资产等变量反映了经济安全，可以减轻家庭压力和财务焦虑，并促进儿童发展。新加坡国立大学的社会学家和人口学家杨李唯君和道尔顿·康利（Dalton Conley）使用过去五年家庭固定资产为代表的家庭财富数据以及 3 岁和 12 岁儿童的黑白测试得分差距 PSID 数据，发现财富对学龄前儿童的测试成绩差距没有影响但却会影响已经上学的孩子（Yeung and Conley，2008）。他们还证实，财富与父母的温情、父母与孩子的活动以及家庭中可用的学习资源等中介因素存在显著相关。社会学家金永米（音）（Youngmi Kim）和迈克尔·谢若登（Michael Sherraden）的另一项研究发现，家庭资产对孩子的教育成果有很强的预测作用，包括高中毕业和大学学位的获得（Kim and Sherraden，2011）。将家庭资产纳入儿童教育成果的估计中，也会缩小收入效应的规模，在某些情况下，甚至使其在统计上与零无显著差异。

⑫ Acemoglu and Pischke（2001）.

⑬ Yeung，Linver，and Brooks-Gunn（2002）.

⑭ Waldfogel，Han，and Brooks-Gunn（2002）.

⑮ 经济问题参见在线附录 10。

11 上班族父母

我和丈夫决定在我们的父母都尚有体力照顾孩子的时候赶紧结婚生子。

——丽塔·拉德纳(Rita Rudner)

在 1900 年的富裕国家中,除了那些非常贫困的家庭外,很少会有母亲外出工作的;而在今日,大多数家庭中的母亲都会参加工作(如图 11.1 所示)。[①]对大多数发达国家而言,这是 20 世纪最大,甚至是唯

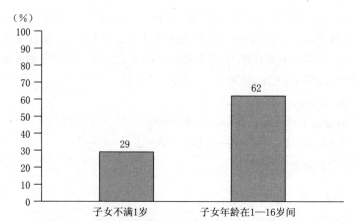

图 11.1　按子女年龄划分在职状态的母亲所占比重

资料来源:劳动力调查(2015)。

一的社会变革。大多数妇女不再选择在婴儿存活率很低的情况下去生很多孩子，而是选择拥有自己的事业、赚取薪水。

母亲参加工作对其子女们有什么影响呢？这一话题被争论至今早已不再是茶余饭后的热点了。但埃文郡调查的证据显示，当其他条件恒定时（包括收入），母亲的工作对于其子女的情绪健康并没有显著的积极或消极影响。

通过埃文郡调查，我们能够得知某位母亲会在产后第几个月回到工作中（借此我们能够知道孩子出生后的第一年中这位母亲在工作上所投入的时间占比），我们也能够获得这位母亲在九次连续的问卷调查中哪些时间段是在职状态。[②]这给予我们两条关键信息：第一，母亲在孩子出生后第一年内处于在职状态的时间占比；第二，在孩子接下来的整个成长阶段中母亲处于在职状态的时间占比。如果母亲选择参加工作，以及母亲会在何时选择工作会对其子女产生何种差别？

11.1　母亲的工作与其子女的情绪健康

表 11.1 回答了上文中提出的问题（该表中的实验保持收入不变）。正如表中结果显示，如果母亲在子女不满 1 岁时参加工作，在收入不变的情况下，会对其子女的情绪健康产生某种消极影响；但当我们将母亲的工作与家庭收入间的关系纳入考虑时，这些消极影响均被抵消

了。如果母亲在孩子接下来的成长阶段中参加工作，那么即使在控制家庭收入不变的情况下也不会对子女产生显著的消极影响；而当充分考虑如收入等其他变量后，该影响总体上显著为正。线上表 A11.1 展示了这项总影响的部分适当分解。[3]

表 11.1　母亲工作如何影响子女的情绪健康（基于埃文郡调查）

母亲参加工作的时间段	在不同年龄段对标准化后的情绪健康的影响		
	16 岁	11 岁	5 岁
不满 1 岁	−0.05(0.04)	**−0.09**(0.04)	−0.04(0.03)
1 岁以后至所标示的年龄	−0.03(0.06)	−0.02(0.04)	**0.07**(0.03)

注：括号内为稳健标准误。控制变量包括：家庭收入、父亲失业情况、父母的关心程度、父母的严厉程度、家庭矛盾情况、父母是否离异、母亲的心理健康状况、父亲的心理健康状况、父母的受教育程度、出生时母亲的年龄、出生时父母的婚姻状况、孩子的性别、种族、出生顺序、兄弟姐妹的人数、出生时的体重、是否早产、在产检时怀孕的月数以及小学和中学固定效应。情绪健康：以短期情绪和感受调查问卷（SMFQ）中的 16 岁和 11 岁标准化的自评和母亲评价来测度；内化了 5 岁时长处与困难调查问卷（SDQ）有关内容的标准化的母亲评价。

资料来源：线上完整的表 11.1。

最新的群组研究（千禧年队列研究）对 2000 年出生的孩子进行了调查，其结果与我们的结论相似，即孩子们并没有因为母亲在他们出生后不久回到工作中而在精神健康方面受到伤害。[4]同样的，对于在 11—15 岁年龄段的青少年而言，母亲参加工作会使其表现出更高的幸福感。[5]

11.2　母亲的工作与其子女的行为表现

但是，即使母亲工作对于其子女自身的影响一切正常，那对其子女与他人交往过程中的行为表现又会有何种影响呢？将孩子送到幼儿园或托儿所中照看是否会导致其更好斗、爱生事端一直以来也是一个争论不休的话题。英国和美国的许多调查都将研究目光投向孩子的学前经历对其行为所产生的影响。⑥美国的研究更倾向于认为将孩子交由幼儿园照看会对其产生不利影响，而英国的研究结论整体上并不认可这种不利影响的存在。本书中所进行的父母与儿童的埃文郡调查结果显示孩子被送往幼儿园在幼年时期并不会对其行为表现产生显著的影响（如表 11.2 所示），但在孩子成长到 11—16 岁时却呈现出了重要的影响：平均看来，如果母亲在孩子童年时期一直在外工作，那么孩子的行为表现会相对较差。但这一显著影响仅针对女孩，如表中系数显示，如果女孩的母亲在其童年时期一直在外参加工作，那么她们在 16 岁时的表现会比那些母亲从未离家工作过的女孩要低 0.18 个标准差。⑦不过这并不是一个重大的影响，而且一旦将收入因素纳入考虑后该影响还会被削弱（参见线上表 A.11.1）。

表 11.2　母亲工作如何影响子女的行为表现（基于埃文郡调查）

母亲参加工作的时间段	在不同年龄段对标准化后的行为表现的影响		
	16 岁	11 岁	5 岁
不满 1 岁	−0.01(0.05)	0.03(0.04)	0.00(0.03)
1 岁以后至所标示的年龄	**−0.14**(0.06)	**−0.11**(0.04)	0.01(0.03)

注：括号内为稳健标准误。额外的控制变量详见表 11.1 的注释。行为：采用外化了 16 岁、11 岁和 5 岁时长处与困难调查问卷有关内容的标准化的母亲评价来衡量。粗体表示 $p < 0.10$（双侧）。

资料来源：线上完整的表 11.2。

11.3 母亲的工作与其子女的智力发育

在论证了上述有关母亲的工作对孩子幸福感和行为表现的影响后,孩子的智力表现——也是教育工作者所热切关注的——又会因为母亲外出工作而受到何种影响呢?

母亲工作对子女智力发育的影响会在何时产生呢? 这个问题之所以至关重要,是因为学习是一个不断积累的过程,而最终唯一关键的结果就是一个人在其整个教育阶段结束时学到了多少知识。在这一点上,智力的发展就显得与幸福感和行为表现都大相径庭,因为对于后两者来说,孩子每年的情况都很关键,比如一个孩子在某一年是否感到幸福、在这一年里是否能够友善地对待其他孩子,而学术教育的结果只会呈现在最终阶段。

如表 11.3 显示,截至 16 岁,我们能够得到明确的结果,即如果母亲在孩子不满 1 岁时回到工作中去会对孩子的智力发展产生负向影响,但如果母亲选择在孩子满 1 岁后的时间段参加工作,那么影响将会转为正向。[⑧]通过线上表 A.11.1,我们能够看到总效应甚至更大。

这些发现与其他研究结论是总体上一致的。英国的研究者们普遍认为母亲参加工作能够提高孩子在任何年龄段的智力表现。[⑨]而美国的研究者则相反,美国的全国青年纵向研究(NLSY)认为,母亲过早

表 11.3　母亲工作如何影响子女的智力表现(基于埃文郡调查)

母亲参加工作的时间段	在不同年龄段对标准化后的智力表现的影响		
	16 岁	11 岁	5 岁
不满 1 岁	**−0.06**(0.02)	**−0.05**(0.03)	0.00(0.03)
1 岁以后至所标示的年龄	**0.11**(0.03)	**0.08**(0.03)	**0.08**(0.03)

注:括号内为稳健标准误。额外的控制变量详见表 11.1 的注释。智力表现:以标准化的 16 岁时的普通中等教育证书(GCSE)考试得分、标准化的 11 岁时的"关键阶段 2"测试得分以及标准化的 5 岁时的地方学校入学评价测试得分来衡量。粗体表示 $p < 0.10$(双侧)。

资料来源:线上完整的表 11.3。

地回到工作中会导致孩子在三四岁时的智力表现变差,但这种影响会在孩子成长到六岁时便消失。[⑩]总体的结论一定是"全世界的妈妈们,除非在外工作会使你自己感到不幸福,否则就放心地去工作吧。"

11.4　失业的父亲们

你是否想参加工作是一回事,当你想工作时能否找到一份工作又是另一回事。正如我们在本书第一部分中提到过的,无论男女,失业都会对其产生极为恶劣的影响。现在我们将继续研究失业会对孩子产生何种影响。

埃文郡调查仅仅提供了与父亲失业相关的数据,数据显示父亲失业对孩子的发展有着显著的影响。它会通过影响父母情绪、引发家庭矛盾、削弱孩子学习的积极性、使孩子在学校里受到嘲笑以及减少家庭收入等多种途径对孩子的发展产生影响。[11]

表 11.4 父亲失业如何影响孩子各方面的表现(0—1)
(基于埃文郡调查)

在不同年龄段对标准化后的各项表现的影响	情绪	行为	智力
16	−0.29(0.18)	−0.01(0.16)	**−0.23**(0.06)
11	**−0.23**(0.12)	0.02(0.12)	**−0.15**(0.06)
5	−0.03(0.07)	−0.04(0.06)	−0.01(0.05)

注:括号内为稳健标准误。额外的控制变量详见表 11.1 的注释。情绪健康:以短期情绪和感受调查问卷中的 16 岁和 11 岁标准化的自评和母亲评价来测度;内化了 5 岁时"长处与困难调查问卷"(SDQ)有关内容的标准化的母亲评价。行为:采用外化了 16 岁、11 岁和 5 岁时长处与困难调查问卷有关内容的标准化的母亲评价来衡量。智力表现:以标准化的 16 岁时的普通中等教育证书考试得分、标准化的 11 岁时的"关键阶段 2"测试得分以及标准化的 5 岁时的地方学校入学评价测试得分来衡量。粗体表示 $p < 0.10$(双侧)。

资料来源:线上完整的表 11.4。

通过观察表 11.4 中控制家庭矛盾和收入变量后的影响,我们可以很明显地发现,父亲失业这一因素会像其他所有的经济变量一样对孩子的学业能力产生根本上的显著影响,而对孩子的行为和情绪健康的净效用则不那么清晰。[12]但是,当我们减少对其他控制变量的一致性控制后,由失业所导致的家庭收入减少和家庭矛盾增加等间接因素的影响,使得父亲失业对于孩子行为和情绪幸福感的影响均变得显著为负(详见线上表格 A11.2)。

11.5 结论

贾瓦哈拉尔·尼赫鲁(Jawaharlal Nehru)写道:"工作是值得崇敬

的。"这或许有点夸张,但工作对于个体的身份地位和收入而言都是非常重要的。因此失业会对家庭和睦造成严重的破坏,而一位母亲回到工作中则意味着更少的成本和更高的收益。

注释

① 本章通篇为讨论有关离开家的外出工作——下文为方便起见简称为"工作"。

② 问卷调查的时间分别在第 21、33、47、61、73、97、110、122 和 134 个月。在这些时期的调查中询问母亲在当下是否外出工作。不过遗憾的是,对于那些回答是当时没有工作的母亲而言我们无法知道她们究竟是不属于劳动力范畴还是处于失业状态。这就意味着这项分析不得不顺应职业母亲与失业父亲这一略微过时的逻辑。

③ 详细的分解解释参见线上附录 3b。

④ McMunn et al.(2010),文章以总长处与困难调查问卷来衡量心理健康。文章的陈述涉及双亲家庭。

⑤ Powdthavee and Vernoit(2013).

⑥ 简短的总结参见 Layard 和 Dunn(2009),20—21。关于英国的研究参见 Sammons 等(2014)。关于美国的研究参见 Cooksey,Joshi 和 Verropoulou(2009)以及 Berger,Hill 和 Waldfogel(2005)。

⑦ 该结论在女孩 11 岁时也同样适用。

⑧ 在接下来的研究中,我们会在不控制收入的情况下观察所造成的影响。

⑨ 参见 P. Gregg 等(2005)运用的英国队列研究方法以及 Sylva 等(2014)和 Sammons 等(2014)运用的 EPE 方法。相比之下有关 5 岁前的智力发育,Ermisch 和 Francesconi(2013)运用英国家庭面板调查方法将父母与子女的数据相联系,发现了母亲就业对其子女在 5 岁前的智力问题存在统计学上显著的负向影响。一种可能的解释是他们能够将不可观察到的普遍存在于兄弟姐妹间的异质性和母亲选择回到工作中的内生性纳入考虑。换句话说,他们修正了这样的事实:即部分决定早早回到工作中的母亲是因为她们倾向于工作或者因为她们的孩子已经成长发育地足够允许她们回到工作中去。通过固定效应和工具变量估计,Ermisch 和 Francesconi(2013)基本上估计了母亲参加工作对孩子智力发育结果的一种外生性影响(由女性总的失业率在地区和时段间的变化推演的)。也就是说,有一些母亲回到工作中并不是因为她们准备

好了这样去做，而是因为不回到工作中去的机会成本对她们而言实在是太高。

⑩ 参见 Ruhm(2004)基于 Waldfogel，Han 和 Brooks-Gunn(2002)的研究。关于英国的研究另请参见 Joshi 和 Verropoulou(2000)。

⑪ Becker and Tomes (1986)；Duncan and Brooks-Gunn (1999)；Clark and Oswald(1994)；Goldsmith，Veum，and Darity (1996)；Powdthavee and Vignoles (2008)；Gruber(2004)；Mcloyd(1989)；Christoffersen(1994)；S. Brown and Taylor (2008).

⑫ 第(1)列和第(2)列的标准误超过了第(3)列中的是因为我们对于所有孩子都有普通中等教育证书分数，而该数据来自国家学生数据中心，其中有关 16 岁时孩子的情绪和行为表现结果有很多数据观测值缺失。

12　家庭教育与父母的精神健康

他们将他们身上的毛病传给了你,还灌输给你许多其他的毛病。

——菲利普·拉金(Philip Larkin),

《这就是诗》(*This Be the Verse*)

现在是时候让我们将目光从研究家庭的经济水平转向研究父母的性格对其子女产生的影响。

12.1　基因

首先,我们需要注意一个适用于整本书的关键词——基因。所有的人类都是先天基因和后天经历二者相结合、相作用的产物。所以理论上讲,我们应当将基因列为影响儿时表现及成人幸福感的因素之一。相信为人父母的都知道基因的重要性——不同家庭中的孩子长相、性格迥异便是不同基因的表现。此外,从科学上看,有两种令人信服的证据证明基因的重要性——来自双胞胎的研究和来自领养儿童的研究。[①]双胞胎研究表明,由于同卵双生拥有非同卵双生所不具有的、完全相同的基因,因此同卵双胞胎在幸福感的表现上要比非同卵双胞胎更为相似。[②]同样,即使被收养的孩子并没有在其亲生父母身边被抚养长大,但其幸福感仍然会受到亲生父母的影响。[③]

在先天基因作用的同时,后天经历也起到至关重要的作用。被收养的孩子的幸福感同样会反映出与其基因完全无关的养父母的幸福水平。不仅如此,孩子最终的幸福感并非先天基因与后天经历的简单加和,而是取决于二者间的相互作用。[④]比如,在养父母患有精神疾病的家庭中成长起来的孩子会比其他的孩子更容易患上精神疾病,而如果其亲生父母也患有精神疾病,那么这种后天经历的影响会进一步增强。[⑤]同样地,被一个有犯罪史的家庭领养长大的孩子会更容易犯罪,并且这种影响也会因为其亲生父母是罪犯而增强。[⑥]随着遗传学提出的后天经历压制先天基因表现(例如甲基化)的原理解释,上述机制也逐渐被人们所理解。[⑦]这种先天基因与后天经历间的相互作用体现在个体一生的方方面面。

目前,一些由于基因造成的影响可以被追踪定位至某一特定的基因。某些情况下,在DNA组中确定影响幸福感的特定基因已成为可能。[⑧]但迄今为止,能够被准确识别的基因大概仅有三个,它们只能影响幸福感多样性表现中的1%。因此,在研究是什么影响人一生的幸福时存在诸多的决定性因素,我们不能仅考虑基因的影响。

但我们也不能夸大我们所能做的。比如,假使我们能够证明,如果你的母亲在生下你后会抑郁,你就有 $x\%$ 的可能会抑郁;再假设我们能够在你出生之前避免你的母亲抑郁,那么由于这种阻挠因素的存在,你可能确实会拥有一个更好的童年,但你始终拥有着你母亲的基因。因此你长大后变得抑郁的可能性会被减弱至低于 $x\%$。我们无法确定一个多大的 x 值是高估的,本书中许多关于影响效果的估计也同样如此。每当我们研究的"原因"与相关基因的粗略测量有关时,被估计出的影响总是要比真实影响偏高。另一方面,由于大多数的"原因"在测量时也存在误差,又会造成这种估计影响的偏低。由于上述两个方面的存在,本书中的相关数字应当被看作是对影响幸福的关键环境变量的一种概括、初步、试探性的描述——是这项研究问题的开端而非结论。⑨

12.2　父母与其子女的情绪健康

父母的行为对子女的情绪健康有多少影响呢?答案是虽然影响很大,但仍然可能小于一部分人所认为的。即便我们将所了解的父母的一切行为考虑进去,对其子女们在 16 岁时情绪变化的解释力也仅能占到 6%。⑩其中包括了父母的工作和收入(已经讨论过)以及家庭矛盾(将在下一章中讨论)所造成的影响。在本章中,我们将讨论孩子家庭背景中的其他主要因素——父母的精神健康和他们的育儿之道。

　　首先,我们要从孩子出生前的情况看起。以下的变量对孩子 5 岁、11 岁和 16 岁的情绪健康不具备一致且显著的影响:父母的受教育水平、种族(白人或是其他种族)、长子长女、早产儿以及出生体重偏低。[11]但是父母双方的精神健康(尤其是母亲)和父母的育儿方式却是至关重要的。

　　如表 12.1 所示,母亲的精神健康用爱丁堡产后抑郁量表测度(在产后第一年内的第 2 个月和第 8 个月测量两次,随后在孩子 1 岁、2 岁、5 岁、6 岁、8 岁、11 岁时各测量一次),父亲的精神健康用 CCEI 测度(在孩子出生后第一年内的第 2 和第 8 个月测量两次,再在孩子 1 岁时测量一次)。

表 12.1　父母如何影响其子女的情绪健康(β 系数)
(基于埃文郡调查)

	在子女不同年龄段时情绪健康的影响		
	16 岁	11 岁	5 岁
母亲的心理健康	**0.16**(0.02)	**0.18**(0.02)	**0.22**(0.01)
父亲的心理健康	**0.04**(0.02)	**0.04**(0.01)	**0.05**(0.01)
母亲的陪伴程度(子女 6 岁前)	**0.04**(0.02)	0.02(0.01)	**0.09**(0.01)
母亲的易怒性(子女 6 岁前)	**−0.03**(0.02)	**−0.04**(0.01)	**−0.05**(0.01)

　　注:括号内为稳健标准误。控制变量包括:家庭收入、母亲在孩子出生第一年工作时间的占比、此后母亲工作时间的占比(截至所示的年龄)、父亲失业情况、家庭矛盾情况、父母是否离异、父母的教育程度、出生时母亲的年龄、出生时父母的婚姻状况、孩子的性别、种族、出生顺序、兄弟姐妹的人数、出生时的体重、是否早产、在产检时怀孕的月数以及小学和中学固定效应。情绪健康:以短期情绪和感受调查问卷中的 16 岁和 11 岁标准化的自评和母亲评价来测度;内化了 5 岁时长处与困难调查问卷有关内容的标准化的母亲评价。粗体表示 $p < 0.10$(双侧)。
　　资料来源:线上完整的表 12.1。

如表 12.1 所示，母亲的精神健康对其子女的幸福感有着很强的、偏相关系数为 0.15 或更高。这种影响在女儿身上尤为显著。[12]这不仅仅是一种产后抑郁（影响 10％—20％ 的母亲）的影响。因为我们在实际中对样本中子女的整个童年时期里母体遗传抑郁症的预防是相当恒定的。父亲的精神健康也对子女的幸福感有影响，但相对母亲而言较小，偏相关系数小于或等于 0.05。[13]由于父母基因的作用是等同的，这一结果也就进一步突出了母亲的精神健康而非基因在孩子后天成长经历过程中的重要影响。

这些研究结果和早期的一项有关精神健康如何在代际传递的研究结论是一致的。[14]即使孩子还在母亲的子宫里时，他们的大脑就会受到母亲情绪状态的影响，并且这种影响会持续存在。[15]

那么父母与子女间相互影响的方式是什么呢？这是一个非常非常重要的问题，而从埃文郡调查处能获得的依据毕竟有限。有关孩子发展的公认的发现包括以下几点[16]：

- 依赖性。至关重要的是，孩子会由于父母或养父母无私的爱与奉献而对其产生依赖性。换句话说就是这段亲子关系中的温暖程度。
- 坚定性。父母需要为子女设置清晰的、充满坚定和爱的界限。
- 参与度。父母需要在沟通、玩耍等各个方面参与孩子的日常生活与学校生活。

以上三样要素中，第一点对孩子的情绪健康尤为重要，第二点影响行为表现,第三点则关乎智力发展。埃文郡调查对第三个问题为我们提供了较好的证据,而对前两个问题提供的证据不充分。

在埃文郡调查中,参与度是以母亲与孩子交流、为孩子唱歌、讲故事、和孩子一起画画、完成作业、准备学业相关事情的加权平均频率来衡量[17],分别在孩子出生后 6 个月和 1 岁、2 岁、4 岁、5 岁、6 岁、7 岁各进行一次测度。因此该方法只是一个在孩子成长早期时的参与度测量。

而有关好的育儿方式的前两个要素,我们仅能获得父母对孩子易怒程度的证据,即母亲在孩子耍小性子时打骂孩子的平均频率。[18]

如表 12.1 所示,孩子的情绪健康受到母亲的参与程度影响,尤其是在孩子年幼的时候[19],但这种影响有的时候比人们所认为的要小。父母的易怒性无疑会给孩子的情绪健康造成不良影响。

12.3 父母与子女的行为表现

子女的行为表现会受到其母亲精神健康的高度影响,而与其父亲精神健康的关系甚微(如表 12.2 所示)。如果父母的陪伴参与度高,那么孩子的行为表现会有所改善。相比之下,母亲易怒通常会导致孩子的行为表现较差。虽然这里的因果关系应当是双向的,但很显然,母亲的不良行为一定会使孩子产生糟糕的行为表现。

表 12.2　父母如何影响其子女的行为表现（β 系数）
（基于埃文郡调查）

	在子女不同年龄段时行为的影响		
	16 岁	11 岁	5 岁
母亲的心理健康	**0.17**(0.02)	**0.17**(0.02)	**0.18**(0.01)
父亲的心理健康	−0.01(0.02)	0.01(0.02)	**0.02**(0.01)
母亲的陪伴程度(子女 6 岁前)	**0.05**(0.02)	**0.10**(0.02)	**0.12**(0.01)
母亲的易怒性(子女 6 岁前)	**−0.12**(0.02)	**−0.15**(0.01)	**−0.20**(0.01)

　　注:括号内为稳健标准误。额外的控制变量详见表 12.1 的注释。行为:采用外化了 16 岁、11 岁和 5 岁时"长处与困难调查问卷"(SDQ)有关内容的标准化的母亲评价来衡量。粗体表示 $p < 0.10$(双侧)。

　　资料来源:线上完整的表 12.2。

12.4　父母与其子女的智力发展

　　当我们研究孩子的认知力发展时,我们预期父母的陪伴参与度会起到很显著的影响。就净效应而言,在孩子 5 岁时这种影响很大(如表 12.3 所示)。这与那些有关早期干预的观点是一致的,尤其是在儿童智力发展方面。[20]

　　就总效应而言,陪伴参与度和智力发展显然有着更强的相关性。如线上表格 A12.1 所示[21],母亲的陪伴参与度与子女 16 岁时普通中等教育证书上的成绩表现之间的总相关性为 0.05,而净相关性为 0.02。这种差异产生的原因部分在于父母陪伴参与度高的孩子去了更好的

表 12.3　父母如何影响其子女的智力发展(β 系数)
(基于埃文郡调查)

	在子女不同年龄段时智力表现的影响		
	16 岁	11 岁	5 岁
母亲的心理健康	**0.03**(0.01)	**0.03**(0.01)	**0.04**(0.01)
父亲的心理健康	−0.00(0.01)	−0.01(0.01)	0.00(0.01)
母亲的陪伴程度(子女 6 岁前)	**0.02**(0.01)	**0.02**(0.01)	**0.07**(0.01)
母亲的易怒性(子女 6 岁前)	−0.01(0.01)	**−0.03**(0.01)	0.00(0.01)

注:括号内为稳健标准误。额外的控制变量详见表 12.1 的注释。认知表现:以标准化的 16 岁时的普通中等教育证书考试得分、标准化的 11 岁时的"关键阶段 2"测试得分以及标准化的 5 岁时的地方学校入学评价测试得分来衡量。粗体表示 $p<0.10$(双侧)。

资料来源:线上完整的表 12.3。

学校,部分由于参与度高的家长更富裕。

父母精神健康及易怒程度对孩子智力发展的净影响很小,但总效应却被子女所就读的学校类型及家庭的经济状况所增强。

12.5　结论

我们不敢轻易断言这是有关父母育儿之道的最终定论,但仍可以得出一些明确的结论:

- 母亲的精神健康对于其子女的幸福感和行为表现至关重要。因此不管是为了母亲还是孩子,母亲的精神健康都应当在政策上被予以高度重视。

- 父母易怒会导致孩子的表现变差。

- 父母陪伴参与对子女显著有利，尤其有助于其学业发展。

注释

① 参见 Plomin 等（2013）。

② 参见 Lykken（1999）和 Caprara 等（2009）。

③ Tellegen et al.（1988）.

④ 参见 Plomin 等（2013）。

⑤ Tienari et al.（1994）.

⑥ Bohman（1996）and Cadoret et al.（1995）.

⑦ 参见 Plomin 等（2013）。

⑧ Pluess（2015）and Okbay et al.（2016）.

⑨ 这一理论适用于所有有关基因作用的主张。我们尤其需要谨慎对待对某种特质遗传可能性所进行的估计。此处有两个问题：

（1）这些估计假设基因和环境的影响是加和关系（没有相互作用）。因此特质（T）是通过如下公式计算出的：$T = G + E$，$VarT = VarG + VarE + 2Cov(G, E)$。

（2）这些估计假设协方差 $Cov(G, E)$ 反映了 G 对 E 的因果影响，因此遗传可能性是以（$VarG + 2Cov[G, E]$）/$VarT$ 来计算。然而，这意味着基因和环境之间的相关性是固定不变的，这是政策的具体目标。

⑩ 参见图 1.6（b）。

⑪ 两个例外情况为：记录显示（其他条件不变）早产儿在 11 岁时表现得更为幸福，长子长女在 5 岁时更不幸福。

⑫ 参见在线完整表 10.1，p.4。

⑬ 因为与母亲的互动更多，我们推测母亲的影响更大。然而母亲的心理健康在孩子 11 岁前被测量 8 次，父亲在孩子 2 岁前仅测量过 3 次。为了研究这是否对结果造成影响，我们同样关注孩子 5 岁时的情绪健康，用父母双方心理健康的三项观察值来表示。此时父母所造成的影响间的差异和表 12.1 中的一样大。当我们使用父母心理健康的前三项观测值来关注解释孩子 16 岁时的情绪健康时，结果是相同的。其中母亲的心理健康用 EDPS 法衡量，父亲的心理健康用 CCEI 衡量。

⑭ Johnson，Schurer 和 Shields（2013）在英国队列研究中证明了该观点。

Powdthavee 和 Vignoles(2008)用英国家庭面板调查数据论证了父母在第 t 年时的悲痛情绪是如何造成 11—15 岁的孩子的生活满意度在第 t 年与 $t+1$ 年间下降的。

⑮ O'Connor et al.(2002)。另参见 Talge，Neal 和 Glover(2007)对此问题的评论。有关父母情绪对孩子情绪的暂时性影响，参见 Larson 和 Gillman(1999)以及 Downey，Purdic 和 Schaffer Neitz(1999)。

⑯ Aunola, Stattin, and Nurmi(2000)；Dornbusch et al.(1987)；Lamborn et al.(1991)；Steinberg et al.(1992).

⑰ 权重取自于一项主成分分析。

⑱ 既不能获得父亲对子女的行为数据，也不能获得父亲的参与度数据。

⑲ 运用千禧世代数据得出的相关结果参见 Kiernan 和 Huerta(2008)。年龄：3 岁。

⑳ 参见 Heckman 和 Carneiro(2003)以及 Cunha 和 Heckman(2007)。

㉑ 这一表格仅用于智力表现结果，因为认知表现与行为的总相关系数几乎没有比在表 12.1 和表 12.2 中的偏相关系数大。

13 家庭矛盾

只有一个家庭中的家人都深爱着彼此,才会是一个幸福的家庭。

——一名八岁的女孩

在 1970 年出生的孩子中,有五分之一在其 16 岁的时候经历了家庭的破裂——父母离异。[①]之后,离婚变得越来越常见,现如今英国 16 岁的青少年中 40% 生活在父母分居家庭,[②]在美国这一比例为 50%。

如此高的离婚率是一种相对现代的现象——是过去 40 年中最重要的变化之一。那么这对我们的孩子有什么影响呢? 埃文郡父母与子女的追踪调查给出了很好的例证并得出了总体结论:真正影响孩子的是家庭矛盾而非离婚,如果家庭矛盾真的非常恶劣,那么离婚也许对孩子有好处。但冲突无疑是不好的,特别是对孩子的行为方面,争吵打斗的父母往往容易带出争吵打斗的孩子。

13.1 测度矛盾的方法

为了测度是否存在家庭矛盾,参与埃文郡父母与子女的追踪调查的母亲被定期问及一个问题：在过去的三个月中，你与你的配偶是否发生下列情形：

- 与对方争吵超过 3 次；

- 对另一半感到暴躁易怒；

- 很长一段时间不和对方说话；

- 冲对方吼叫；

- 击打/掌掴对方；

- 在愤怒中摔东西。

为测度家庭矛盾程度，我们将这些回答进行加总。我们选择分别在孩子 2 岁、3 岁、6 岁和 12 岁的时候进行调研，并测算截至调研时的平均矛盾频数，对已经分居的家庭则测算至分居时的矛盾冲突平均频数。

为判断父母是否离婚，在孩子 13 岁前我们从母亲的年度报告中获得其分居与否的情况，孩子 13—16 岁时从孩子处获得其父母分居情况的报告。也就是说，我们每年都会测度原生家庭是否不再完整。

13.2 家庭矛盾的影响

在分析这些变量的影响时，最常见的问题就是很难确定哪些变量恒定，尤其是在研究精神健康时，而精神健康恰是人生幸福的一项非常强有力的决定性因素。精神疾病可能会导致家庭矛盾,在这种情况下,如果我们想不剔除混淆因子的影响去研究家庭矛盾带来的特定影响,那么精神健康就需要被纳入等式。另一方面,家庭矛盾也可能作为中介变量引发精神疾病。[③]在这种情况下,如果我们想研究家庭矛盾的影响,我们就需要在公式中剔除掉精神疾病变量。

在表13.1中我们可以看到以上两种方法下孩子16岁时各方面表现的检验结果。前两行我们没有控制父母的精神健康变量,家庭矛盾对孩子情绪健康和行为表现(但不包括学术方面)的影响很大。而父母分居仅对孩子学业成绩有影响,在其他方面几乎不具备影响力。

表 13.1　家庭矛盾如何影响孩子(标准化后的)各方面表现
　　　　　(基于埃文郡父母与子女的追踪调查)

	单位	情绪	行为	智力
不控制父母精神健康变量				
矛盾冲突的影响	标准差	**−0.11**(0.02)	**−0.20**(0.02)	**−0.02**(0.01)
分居的影响	1, 0	−0.01(0.04)	−0.01(0.04)	**−0.07**(0.02)
控制父母精神健康变量				
矛盾冲突的影响	标准差	**−0.04**(0.02)	**−0.14**(0.02)	−0.01(0.01)
分居的影响	1, 0	0.01(0.04)	0.00(0.04)	**−0.07**(0.02)

注:括号内为稳健标准误。控制变量包括:家庭收入、母亲在孩子出生第一年工作时间的占比、此后母亲工作时间的占比(截至所示的年龄)、父亲是否失业、父母的关心程度、父母的严厉程度、父母的教育程度、出生时母亲的年龄、出生时父母的婚姻状况、孩子的性别、种族、出生顺序、兄弟姐妹的人数、出生时的体重、是否早产、在产检时怀孕的月数以及小学和中学固定效应。情绪健康:以短期情绪和感受调查问卷(SMFQ)中16岁的标准化的自评和母亲评价来测度。行为:采用外化了16岁时长处与困难调查问卷(SDQ)有关内容的标准化的母亲评价来衡量。智力表现:以标准化的16岁时的普通中等教育证书(GCSE)考试得分来衡量。粗体表示 $p<0.10$(双侧)。
资料来源:线上完整的表13.1。

相反,如果我们控制了父母精神健康变量,所有的影响都被削弱了。为了确保我们所研究出的影响没有言过其实,从现在起我们选择控制精神健康变量并观察家庭矛盾在孩子一生中起到的影响。

我们可以从父母间的关系对孩子情绪健康的影响入手。如表 13.2 所示,这里主要的问题是家庭矛盾的程度。一旦给定家庭矛盾的程度,那么父母分居对孩子情绪的影响就相对弱很多。这也与美国的一项标准研究结论相符合。[④] 而一旦家庭矛盾因素被忽略(如许多研究中那样),那么分居就会呈现出更大的影响,这显然是误导性的。

表 13.2　家庭矛盾如何影响孩子的情绪健康(基于埃文郡父母与子女的追踪调查)

	对孩子不同年龄段标准化情绪健康的影响		
	16 岁	11 岁	5 岁
父母矛盾冲突(标准化)	**−0.04**(0.02)	**−0.04**(0.02)	−0.02(0.01)
父母离婚与否(1,0)	0.01(0.04)	−0.03(0.03)	0.04(0.03)

注:括号内为稳健标准误。控制变量包括:家庭收入、母亲在孩子出生第一年工作时间的占比、此后母亲工作时间的占比(截至所示的年龄)、父亲是否失业、父母的关心程度、父母的严厉程度、父母的教育程度、出生时母亲的年龄、出生时父母的婚姻状况、孩子的性别、种族、出生顺序、兄弟姐妹的人数、出生时的体重、是否早产、在产检时怀孕的月数以及小学和中学固定效应。情绪健康:以短期情绪和感受调查问卷中的 16 岁和 11 岁标准化的自评和母亲评价来测度;内化了 5 岁时长处与困难调查问卷有关内容的标准化的母亲评价。粗体表示 $p < 0.10$(双侧)。

资料来源:线上完整的表 13.2。

父母间关系的好坏对于孩子行为的影响更为严重,并且这些影响(据我们所知)会一直延续至其成年阶段。父母间的矛盾冲突与孩子行为表现的偏相关系数为 −0.14——影响很显著。同样,当纳入家庭矛盾因素时,父母分居仅增加了很少的额外影响(如表 13.3 所示)。

表 13.3　家庭矛盾如何影响孩子的行为表现(基于埃文郡父母与子女的追踪调查)

	对孩子不同年龄段标准化行为表现的影响		
	16 岁	11 岁	5 岁
父母矛盾冲突(标准化)	**−0.14**(0.02)	**−0.10**(0.02)	**−0.04**(0.01)
父母分居与否(1, 0)	0.00(0.04)	−0.02(0.04)	**−0.06**(0.03)

　　注:括号内为稳健标准误。额外的控制变量详见表 13.1 的注。行为:采用外化了 16 岁、11 岁和 5 岁时长处与困难调查问卷有关内容的标准化的母亲评价来衡量。粗体表示 $p < 0.10$(双侧)。
　　资料来源:线上完整的表 13.3。

　　当涉及孩子学业成绩表现时,与早期的研究结论一致。[5]父母间的矛盾冲突看起来影响相对较小,而父母分居则具有更大的负面影响(如表 13.4)。

表 13.4　家庭矛盾如何影响孩子的认知力发展(基于埃文郡父母与子女的追踪调查)

	对孩子不同年龄段标准化认知力发展的影响		
	16 岁	11 岁	5 岁
父母矛盾冲突(标准化)	−0.01(0.01)	0.01(0.01)	0.01(0.01)
父母分居与否(1, 0)	**−0.07**(0.02)	−0.03(0.02)	−0.02(0.03)

　　注:括号内为稳健标准误。额外的控制变量详见表 13.1 的注。智力表现:以标准化的 16 岁时的普通中等教育证书考试得分、标准化的 11 岁时的"关键阶段 2"测试得分以及标准化的 5 岁时的地方学校入学评价测试得分来衡量。粗体表示 $p < 0.10$(双侧)。
　　资料来源:线上完整的表 13.4。

13.3　当矛盾冲突很严重时, 应该分居吗?

　　截至目前我们已经分别检验了家庭矛盾和分居的影响(控制另一

变量不变）。那么如果矛盾程度很高时，分居会不会更为有利呢？我们的调查结果如表 13.5 所示。⑥此处的"矛盾程度"是以个体的矛盾发生频数是否在中位数以上来衡量的。

表 13.5　家庭矛盾和父母分居对孩子各方面表现的交叉影响
(标准化)(基于埃文郡父母与子女的追踪调查)

情绪健康			
	16 岁	11 岁	5 岁
矛盾冲突频繁＝1	**−0.08**(0.04)	**−0.08**(0.03)	**−0.04**(0.02)
分居＝1	−0.01(0.05)	−0.05(0.05)	0.09(0.04)
分居×矛盾冲突	0.03(0.07)	0.05(0.06)	−0.07(0.06)
行为			
	16 岁	11 岁	5 岁
矛盾冲突频繁＝1	**−0.19(0.04)**	**−0.17(0.03)**	**−0.08(0.02)**
分居＝1	−0.01(0.06)	−0.04(0.05)	−0.07(0.04)
分居×矛盾冲突	−0.00(0.08)	0.03(0.07)	0.02(0.06)
智力发展			
	16 岁	11 岁	5 岁
矛盾冲突频繁＝1	−0.02(0.02)	0.01(0.02)	0.01(0.02)
分居＝1	**−0.06**(0.03)	−0.01(0.03)	−0.02(0.04)
分居×矛盾冲突	0.07(0.04)	0.00(0.04)	0.01(0.05)

注：括号内为稳健标准误。额外的控制变量详见表 13.1 的注。情绪健康：以短期情绪和感受调查问卷中的 16 岁和 11 岁标准化的自评和母亲评价来测度；内化了 5 岁时长处与困难调查问卷有关内容的标准化的母亲评价。行为：采用外化了 16 岁、11 岁和 5 岁时长处与困难调查问卷有关内容的标准化的母亲评价来衡量。智力表现：以标准化的 16 岁时的普通中等教育证书考试得分、标准化的 11 岁时的"关键阶段 2"测试得分以及标准化的 5 岁时的地方学校入学评价测试得分来衡量。粗体表示 $p < 0.10$(双侧)。
资料来源：线上完整的表 13.5。

　　下面我们来解释这一分析结论，如表 13.5 的第一行所示，结果显示孩子 16 岁时的情绪健康＝－0.08 高矛盾冲突－0.01 分居＋0.03 高矛盾冲突×分居。

换句话说,如果父母双方矛盾冲突很严重但是分居了,那么孩子的情绪健康会由于父母分居而提高 0.02 分(即 0.03—0.01)。

然而,尽管表 13.5 中的交互项系数总体为正,但在我们的样本规模下,它永远不可能大到显著不为 0。这也恰恰证实了在先前的表中曾出现过的很重要的一点,即那些父母矛盾冲突激烈且分居的孩子在情感上总是要比父母没有矛盾地生活在一起的孩子更糟糕。

13.4　结论

英国的一项调查显示,当青少年及其父母被问及他们是否认同"父母的和谐相处是培养幸福的孩子的最重要的因素之一"这一观点时,70％的青少年都认同这一观点,而仅有三分之一的家长表示认同。[⑦]

我们的分析证明青少年们的感觉是正确的。如果说家庭矛盾对孩子的幸福感确有影响,若再加上对学业水平和行为表现的重要作用,这种影响就更确定无疑了。因此我们的结论同样证实了其他许多研究中得出的父母确实对孩子产生重要影响的结论。那么学校教育对孩子是否有影响,又有多少影响呢?

注释

① 该题词引用自 Layard 和 Dunn(2009)。

② 英国国家统计局官方网站:http://www.ons.gov.uk/peoplepopulationandcommunity/birthsdeathsandmarriages/div-orce/datasets/divorcesinenglandandwales-childrenofdivorcedcouples。需要说明的是埃文郡调查样本中几乎所有的孩子最初都与亲生父母双方生活在一起。这并没有什么大的影响,但在我们的样本中,我们无法研究出生在单亲妈妈家庭对孩子的影响。

③ 参见 Duncan 和 Hoffman(1985);Weitzman(1985)。

④ 有关美国的研究参见 Amato 和 Keith(1991)以及 Amato,Loomis 和 Booth(1995)。有关英国的研究参见 Cherlin 等(1991)。

⑤ 参见 Antecol 和 Bedard(2007);Bratberg,Elseth Rieck 和 Vaage(2014);Cooper 等(2011);Ermisch,Francesconi 和 Pevalin(2004);Fronstin,Greenberg 和 Robins(2001);Kiernan(1997)以及 Prevoo 和 ter Weel(2015)等。

⑥ 在这一问题上参见 Amato,Loomis 和 Booth(1995);Hanson(1999)以及 Jekielek(1998)。我们也在去掉对父母心理健康的控制后重新运行表 13.5,因为父母的心理健康可能受到矛盾冲突或分居的影响因此扮演了中介变量的角色。当进行此种操作后,最下一行的相关系数变为 0.08(0.07) 0.11(0.08) 0.05(0.04)。此时在给定的样本容量下,交互影响变得更大,但仍不显著。

⑦ NFPI(2000)。

14　学校教育

如果让我来说对于政府首要的三项责任是什么，我会回答：首先是教育、其次还是教育，最后仍是教育。

——托尼·布莱尔(Tony Blair)

1966年，美国政府发布了由著名社会学家詹姆斯·科尔曼(James Coleman)主编的"科尔曼报告"，该报告认为，孩子学业成功的主要原因在于其父母的态度。该报告通过大量的研究发现所评估的教师的性格对其学生的学术成功几乎没有影响，从而指出，在同等条件下，学校对孩子学业所能起到的影响是非常有限的。

但针对上述观点有人迅速提出了精妙的反对。一位年轻研究员艾瑞克·哈努谢克(Eric Hanushek)提出质疑：如何确定教师未被评估的那些性格对孩子所造成的影响呢？为何不直接去测度当由 X 老师而不是 Y 老师来教授时孩子成绩会有多大差别。因此，他用一系列仅代表教师名字的变量来替代科尔曼分析中评估教师性格的变量。结果表明，孩子们授课教师的不同，在相当大的比重上解释了他们考试成绩的变化。①

在本章中,我们将研究在埃文郡调查不同的学校和老师对孩子们各方面表现的影响。我们从研究整个学校的作用开始——去哪所学校会对孩子产生何种影响？这里我们从中学开始入手。

14.1 不同中学的影响

我们想要研究不同中学对 16 岁时的儿时表现的影响,包括:情绪方面(根据父母和孩子的报告来评估,取平均值);行为方面(由父母来评价);智力方面(普通中等教育证书成绩)。我们控制了孩子在(进入中学之前的)11 岁时的对应表现[②]和他们的家庭背景变量。随后我们通过为每个中学设置一个单独的虚拟变量来测量不同学校所造成的影响。表 14.1 显示了不同学校所产生的影响的标准差。

表 14.1　中学如何影响孩子 16 岁时的各方面表现(β 系数)
(基于埃文郡父母与子女的追踪调查)

	情绪	行为	智力
中学	**0.26**(0.01)	**0.21**(0.01)	**0.29**(0.01)

注:括号内为稳健标准误。控制变量包括:家庭收入、母亲在孩子出生第一年工作时间的占比、此后母亲工作时间的占比、父亲是否失业、母亲的心理健康状况、父亲的心理健康状况、父母的关心程度、父母的易怒性、家庭矛盾情况、父母是否分居、父母的教育程度、出生时母亲的年龄、出生时父母的婚姻状况、是否为女孩、种族、是否为第一个出生的孩子、兄弟姐妹的人数、是否为出生体重偏低、是否早产、特殊教育需求(SEN)的状态、学校是否免费供膳、英语是否为非母语以及滞后的因变量(11 岁)。粗体表示 $p<0.10$(双侧)。

资料来源:线上完整的表 14.1。

学校对孩子各方面表现的影响是显著的——不仅仅体现在如哈努谢克发现的智力方面,还体现在幸福感(情绪健康)和行为方面。例如,我们可以选取一个在 11 岁时有着给定幸福感(和家庭背景)的孩子,其就读于幸福感产出值第 83 分位和就读于幸福感产出值第 50 分位的学校相比,研究其在 16 岁时幸福感增加了多少。研究结论如表14.1 显示,孩子幸福感总体上提升了 0.26 个标准差。[③]换句话说,一个在 11 岁时幸福感处于中等水平的孩子在 16 岁时会处于 60 分位的水平。这是一项非常值得关注的影响。尽管学校对于学生行为的影响也差不多大,但在这里,我们更想要强调学校对学生幸福感的影响,因为许多政策制定者仍对学校是否有义务对学生的幸福感负责抱有疑问。

对于学校有可能解释这些重大影响的相关特征,我们掌握的信息非常有限。在表 14.2 中我们用表中所列示的 4 个特征替换掉了学校

表 14.2　中学各项特征如何影响孩子 16 岁时的各方面表现(β 系数)
　　　　　　　(基于埃文郡父母与子女的追踪调查)

	情绪	行为	智力
学校规模	$-0.02(0.02)$	$-0.02(0.02)$	**0.03**(0.01)
班级规模	$-0.00(0.02)$	$-0.01(0.02)$	$0.01(0.01)$
学校免费供膳(%)	$0.01(0.02)$	$-0.03(0.03)$	**−0.03**(0.01)
英语非母语(%)	$0.01(0.02)$	**0.04**(0.02)	**0.02**(0.01)

注:括号内为稳健标准误。控制变量包括:特殊教育需求的状态、学校是否免费供膳、英语是否为非母语以及滞后的因变量(11 岁)。额外的控制变量详见表 14.1 的注释。粗体表示 $p<0.10$(双侧)。

资料来源:线上完整的表 14.2。

的名称。我们发现这些变量的解释力度是微弱的。学校规模对学生普通中等教育证书成绩有微弱的正向影响,而学校中班级的平均规模没有任何影响,教学质量显然比班级规模起到了更大的作用(至少在现有的班级规模范围内来看是这样)。该结论与早期的研究发现也是一致的。④

14.2 不同小学的影响

接下来我们来研究在孩子上小学期间,小学是如何影响孩子们的表现的(如表14.3所示)。在仍控制家庭背景变量的前提下,我们试着给定孩子8岁时的表现,去解释其11岁时各方面表现的变化;并试着给定孩子7岁时的表现,去解释其8岁时各方面表现的变化。我们依然控制家庭背景变量。同样,小学对孩子在11岁和8岁中三方面的表现也都有着非常显著的影响。

表 14.3 小学如何影响孩子 8 岁、11 岁时的各方面表现(β 系数)
(基于埃文郡父母与子女的追踪调查)

	情绪	行为	智力
11 岁	**0.24**(0.01)	**0.19**(0.01)	**0.27**(0.01)
8 岁	**0.19**(0.01)	**0.20**(0.01)	**0.30**(0.01)

注:括号内为稳健标准误。11岁(8岁)对应的因变量的滞后项为8岁(7岁)时的相应变量。额外的控制变量详见表14.1的注释。粗体表示 $p<0.10$(双侧)。
资料来源:线上完整的表14.3。

我们同样测度了小学的特征对孩子的影响(如表 14.4 所示)。就这些更低龄的孩子而言,小学规模更大并没有使孩子在认知或是情绪方面表现出明显的优势,同样,通过 11 岁组和 8 岁组的结果可以很明显地发现,没有确凿证据能证明更小的班级更有利。

表 14.4　小学各项特征如何影响孩子 8 岁、11 岁时的表现(β 系数)
（基于埃文郡父母与子女的追踪调查）

11 岁

	情绪	行为	认知力
学校规模	**−0.06**(0.02)	**0.06**(0.02)	**−0.14**(0.01)
班级规模	**0.04**(0.02)	−0.01(0.02)	**0.05**(0.01)
学校免费供膳(%)	−0.02(0.03)	**0.13**(0.03)	**−0.11**(0.01)
英语非母语(%)	0.04(0.03)	0.02(0.03)	−0.02(0.01)
专业护理员(%)	**0.09**(0.02)	0.03(0.02)	**−0.05**(0.02)
家庭关注(%)	0.00(0.02)	**0.03**(0.02)	−0.02(0.01)

8 岁

	情绪	行为	认知力
学校规模	**−0.03**(0.02)	0.01(0.01)	0.01(0.02)
班级规模	**0.04**(0.02)	−0.02(0.02)	**0.04**(0.02)
学校免费供膳(%)	0.01(0.02)	−0.02(0.02)	−0.01(0.02)
英语非母语(%)	**−0.05**(0.02)	**−0.04**(0.02)	0.01(0.02)
专业护理员(%)	**0.05**(0.01)	**−0.06**(0.01)	−0.03(0.02)
家庭关注(%)	**−0.06**(0.02)	0.01(0.01)	**0.05**(0.02)

注:括号内为稳健标准误。控制变量包括:家庭背景、特殊教育需求的状态、学校是否免费供膳、英语是否为非母语、滞后的因变量以及小学教师虚拟变量。11 岁(8 岁)对应的因变量的滞后项为 8 岁(5 岁)时的相应变量。完整的控制变量详见表 14.1 的注释。粗体表示 $p < 0.10$(双侧)。

资料来源:线上完整的表 14.4。

14.3 不同教师的影响

不同的教师个体又会对孩子产生何种影响呢？在小学阶段每个孩子一学年里基本只会有一个教师，而中学里情况并非如此，因此我们对于教师的研究仅限于小学教师。

研究人员和政策制定者都承认教师很重要。[5]标准的评估方法是采用教师的价值增加法，即孩子的成绩是由他们以往的分数、父母特征、学校特征以及教师姓名所决定的。这样我们就能计算相对于所有孩子表现的总体标准差而言，由教师所带来的价值增加值的标准差。这里得到的 β 系数与我们之前检验过的那些相似，只不过这次评估的是教师，而非学校。

大多数有关教师的研究都着眼于其如何影响学生的考试成绩，很少有研究关注教师如何影响学生的情绪健康和行为。然而，表 14.5 显示了近期一项利用埃文郡父母与子女的追踪调查的相关信息，[6]分别探究了小学教师对 8 岁和 11 岁时毕业的孩子的影响。[7]表中第一行使用的是教师自己对其学生情绪、行为和学业表现的评估，而第二行是学生家长对这些变量的评估。我们可以看出，相比于数学成绩而言，小学教师对孩子情绪健康的影响更大。[8]

表 14.5　教师如何影响孩子 8 岁、11 岁时的各方面表现（β 系数）
（基于埃文郡父母与子女的追踪调查）

表现评分的来源	情绪	行为	智力
教师的报告	0.23	0.12	0.14
父母的报告	0.22	0.09	

注："教师增加值"通过包含学校特征、学生特征、家庭背景、学校群体效应、年级虚拟变量以及学生因变量滞后项等控制变量的回归来进行估计。所有的三项表现都是以 8 岁和 11 岁的来衡量。

资料来源：Flèche(2017)。

小学教师所造成的这些影响能在多大程度上推动学生日后的学业发展呢？通过选定某位特定的小学教师，观察其所教授的孩子们接下来的几年内在数学学习方面的表现，我们发现小学教师对学生数学成绩方面的影响消失得非常迅速。其他研究中也有类似的发现。[9] 相反，尽管在当时相比于对学生数学成绩的影响而言，教师对学生行为和情绪健康上产生的影响很小，但这种影响不会随着时间推移而消退。[10] 这就很清晰地表明，增强学生的幸福感不仅不会使学生分心，反而会提高他们的学业成绩。

14.4　结论

小学和中学都对孩子的情绪健康产生很大影响。在这方面，各学校之间的差异与它们对学业成绩影响的差异一样大。同样，不同的小学教师对其学生情绪健康和学业成绩的影响差异也很大。这些由小学和教师所带来的影响会在接下来的五年甚至更长的时间里持续存在。

与此同时，我们发现学校里班级间（很小）的规模差异对学生没有影响。这可能意味着针对提升教育水平的主要方向应当是改善教育质量而非缩减班级规模。

注释

① Hanushek(1970).

② 通过用 16 岁时的值减去 11 岁时的值可以计算出每个孩子性格变化的增加值。但我们更倾向于去估计自由确定的系数，而不是在滞后因变量上加上统一的相关系数。

③ 由于情绪健康方面测量误差的存在导致该估计值被低估，但由于许多省略变量，如邻居的影响等，又会导致高估。

④ (1) 在班级规模和学业表现间的关系方面，参见 Tennessee's Project STAR，Hanushek(1999)发现班级规模没有影响；而 Krueger(2003)发现将班级规模由 22 名学生减少至 15 名的内部收益率约为 6%。Hoxby(2000)运用其他数据发现班级规模没有影响，而 Angrist 和 Levy(1999)使用迈蒙尼德法则的影响证明削减班级规模导致四年级和五年级的学生(尽管不包含三年级学生)重要且显著的分数提升。

(2) 在班级规模和非认知的发展方面，Fredriksson, Ockert 和 Oosterbeek(2013)以及 Dee 和 West(2011)发现了在小学中(通常为乡村)小规模班级的一些有利影响，并且会持续一段时间；而 Jakobsson, Persson 和 Svensson(2013)发现用瑞典学校的青少年的心理健康问题与幸福感数据进行研究时，小规模班级没有任何影响。

⑤ 参见 Rockoff(2004)，Aaronson, Barrow 和 Sander(2007)，Rivkin, Hanushek 和 Kain(2005)，Kane 和 Staiger(2008)，Chetty, Friedman 和 Rockoff(2014)。

⑥ 参见 Flèche(2017)。

⑦ 有关教师对学生非成绩方面的影响还可参见 Jackson(2012)和 Araujo 等(2016)。

⑧ 线上表 A14.1 中,我们用教师的被测度特征和教学实践来替代教师的姓名变量。结果显示替代变量除了对学生学习表现有影响之外几乎没有任何解释力,而学术表现又被证明与教师的情绪健康、自尊和教学自信有关。然而教师的教学经验并没有影响[与其他大多数研究一致,如 Hanushek(1971)和 Rockoff(2004)]。

⑨ 参见 Chetty,Friedman 和 Rockoff(2014);Rothstein(2010);Jacob,Lefgren 和 Sims(2010)。

⑩ 参见 Flèche(2017)。

第三部分

我们能做些什么?

15 测度幸福的成本效益

我担心政府的钱不够了。

——英国财政部前首席大臣利亚姆·伯恩(Liam Byrne)

给其继任者的一个提醒(2010)

在掌握了前文理论知识的基础上,政策制定者们该如何行动呢?无论是管理财政部还是经营最小的非政府组织,答案都是如下四步:

第一,要绝对清楚你的组织目标:人类幸福。将它融入组织的核心,并雇用理解这一理念的员工。

第二,回顾那些产生幸福感(和不能产生幸福感)的证据,识别其中与你的组织相关的因素,新政策也许会在这些地方发挥作用。

第三,设计具备特点的新政策改革,对其效果进行适当的对照检验。对政策设计出特定的改变并实施适当的对照检验。许多情况下,对照实验将不得不设计的相对简单,以仅显示新政策的短期影响。但你能够在此基础上运用模型(来自本书或者其他地方)来估计短期变化所造成的长期影响。这种模拟经常会被用到。

第四,使用成本效益分析方法计算以幸福感为单位衡量的福利的变化。[①]最后一步便是本章的主题。

15.1 新的方法

政策制定者该如何去评估一项政策建议的优劣呢?[②]相信我们每个人都希望看到社会中实现最大程度的幸福。[③]假设给定我们一笔预算,我们也有许多可行的政策想要实施。然而,在有限的预算下我们不能实施全部的政策,因此显然要给予那些单位成本产出的幸福收益最大的政策以优先权。然后,我们根据这一标准对这些政策进行排序,然后按顺序实施,直至我们花光所有的钱。[④]或者我们依据成本收益比率对政策进行排序,仅仅采取那些成本收益比率足够低的政策,两种方法本质上是一样的。

如果你接受,那么上述就是计划的方法。但也有一种分散的方法,其更具有实际操作性并且能带来同样的结果。计划方法中隐含了一个至关重要的成本收益比率点——低于该比率的政策会被接受,而高于该比率的则会被拒绝,在这一关键比率点给定的预算刚好被花光。一旦确定了该比率点,那些分散的决策制定者就能够运用它去评估某一特定政策是否可行。关键比率点会随着时间的推移在经验的基础上不断调整。

我们所构想的方法是成本效益分析法的一种形式。我们以一种单位(货币)衡量成本并以另一种单位(幸福的年数)来衡量收益。同时我们假设可获得的货币总量是既定的。相比之下,在传统的成本收益分析中,成本和收益的单位相同。因此,传统上普遍应用的成本收益分析会决定公共支出的总规模。但这在政治上是不现实的,我们会在后文中做出解释。因此就分析公共支出而言,我们的成本效益分析法是一种更合情合理的方法。

我们的方法与将在英国实施的国民医疗服务支出情况类似。政府指导方针⑤会评估所有可能的诊疗在质量调整生命年方面的收益和成本。如果某一诊疗的每单位质量调整寿命年(QALY)成本低于一个给定的值,它就会被批准,这一给定值大约为 3.5 万美元每质量调整生命年。⑥

这种成本效益分析法对于国民生活的各个方面都有意义,但不同之处在于使用的是幸福的年数而不是质量调整生命年。更确切地说,我们计划以幸福分—年数据来衡量收益,其中一个幸福分—年对应着某个体较去年而言更幸福的一个分值。由于幸福的取值范围在 0—10 之间,质量调整生命年取值范围在 0—1 之间,这就意味着 10 幸福分—年与每单位质量调整寿命年数值相当。⑦

那么每单位幸福分—年的最大成本取舍值应该是多少呢?这必须要通过反复实验最后才能发现。不过从哪一点开始呢?在英国,也许从与健康取舍值相同的点开始找是合理的,大致为每幸福分—年的成本不高于 3 500 美元。

15.2 为什么使用成本效益分析而不是成本收益?

正如我们所说,本文运用的是一种成本效益分析法(CEA)。它在预算支出给定的情况下把钱花在效益最大的地方。关键收益成本比率以单位货币的幸福分—年来表示。

成本收益分析法(CBA)是另一种不同的方法,在该方法中,成本和收益以同样的单位计算,并且公共支出总额只有在全部过程结束后才能确定——即需要根据最终被采纳的政策数量来确定。在这种情况下,我们可以把美元成本转换为幸福感的单位,即用美元单位乘以收入对幸福的边际影响$\left(\dfrac{\partial H}{\partial Y}\right)$,这在传统上被称为收入的边际效用。

显然这种方法对于收入边际效用的估计非常敏感。如果边际效应是在一国范围内使用截面分析估计的,那么典型的结论(在本书第 2 章中已确认过)是对数家庭收入每增加一单位,幸福感(衡量范围在 0—10 之间)会随之增加 0.2 分。换句话说,年收入的边际效用是 0.2/年收入。在英国,大约为每 1 美元 1/125 000 幸福分—年。[8] 因此,如果一项 12.5 万美元的支出能产生多于 1 单位的幸福分—年,那么该政策就可以被接受。这一检验比我们在成本效益分析中提出的 3 500 美元的取舍点宽松了 40 倍,也就意味着让更多的开支通过。

如果我们真的使用成本收益分析方法，甚至可能会出现更宽松的检测标准。这是由于幸福感很大程度上取决于相对收入，而非仅仅与绝对收入有关。⑨当政府为了增加支出而征税时，相对收入不会有很大的改变，因而幸福感的减少会比之前分析的更少。这也就意味着更多的支出项目就会被通过，从而导致更多的公共支出。

以上论证表明，以成本收益分析法进行政策选择在政治上并非一种切实可行的方法。因此我们建议仍然聚焦于成本效益分析法，以最初的 3 500 美元每单位幸福分—年作为成本的最大取舍值。

15.3 税收与规章制度

但是对于政府而言，除了在给定的总预算内决定如何支出外，如何征税也是一个非常重要的政策问题。对此本章采用的方法更加直接。如果我们设想一项自筹经费的税收变化，我们仅需要评估这一变化如何改变总人口中每个人的幸福感并加总这些幸福感的变化（现阶段假设我们仅仅是要最大化所有个体的幸福感总值）。与之类似，如果我们考虑一项新的规章制度，我们仅需要加总其对全体成员幸福感的影响。当然在实际中一项新的规章制度很可能会影响预算赤字情况，使得公共支出的机会更多（或更少）。因此我们需要一种以幸福年份点数为单位去评估这种额外开支的方法。其实我们已经有了答案：

额外开支的货币价值就是由边际公共支出项目产生的额外幸福年份。

15.4　为什么不以货币为单位衡量收益？

收集新方法所需要的信息是一项巨大的挑战，而在传统的成本效益分析法下以货币为单位衡量收益也并不简单。因此，新方法能解决那些以货币为单位衡量收益的老方法不能解决的问题呢？

在传统的成本收益分析法中，成本和收益是以货币为单位，衡量人们愿意为获取福利或避免成本付出多少钱。衡量单位是钱，这一想法基于"人们愿意为能产生更多幸福感的事物支付更多费用"的理念。

但是"支付意愿"仅在人们能够通过其选择来显示他们对不同结果的定价时才有效。虽然某些时候可以，但很多时候人们做不到。例如人们可以在交通、产业、教育和环保的某些方面表达"支付意愿"，但还有许多结果并不是人们能够选择的——那些通过外部影响发生在人们身上的事情（经济学家称其为外部性）。比如个体感染传染病、孩子受到虐待、老人被遗弃和个体遭抢劫等。此外，人们还经常忽视影响其选择的关键因素，就像健康这一问题一样。

我们无法通过观察个体的选择来判断他们对上述问题的定价。那我们又该如何评估像疫苗接种项目、儿童保护、家庭法庭、老年护理、警察保护等政策的价值呢？答案显然是要以幸福感为单位衡量收益。

　　尽管人们不能通过选择来体现他们的价值，那难道我们不能换一种等价的方式——询问人们假设这些情况发生时，他们原则上意愿支付多少来改善公共产品？很遗憾，不能。已有多项研究证明，通过假设性问题获得有关人们如何定价这些公共产品的答案是没有意义的。[⑩]因此，研究这些公共产品或服务对幸福感的影响便是一种制定政策的更好的、更有理有据的新方法。

　　传统的成本收益分析在某些领域可能会非常有用，但是对于大部分的公共支出或非政府组织支出而言，作用不大。用经济学家的术语来说，这些领域被外部性、公共物品和信息不对称所困扰——这也恰恰是国家要介入它们的原因所在——为了获得更有效率的产出。因此，在这些情况中，自然的想法是以幸福感为单位衡量收益。

　　但一些经济学家们会说，为什么不进一步把幸福感换算成货币单位呢？从标准的幸福方程式来看，我们总归是能够将问题中特定个体给定的幸福感变化换算成等价的收入变化。[⑪]所采用的方法就是以个体收入的边际效用（$\partial H_i / \partial Y_i$，一个人越穷，其收入的边际效用越高）除以幸福的变化量（ΔH）。然后我们再按照标准的成本收益分析法那样加总所有个体的等价收入的变化量（不考虑受益人是个流浪汉还是个国王）。

　　两个明显的原因导致上述方法是行不通的。第一，它默认发生在穷人身上的幸福感变化不那么重要。为了避免这一问题，就需要对不同收入组群的结果分别展示，但为什么要让问题复杂化呢？第二，无论如何我们都不想简单加总 ΔH_i，而是更倾向于对那些初始幸福感较低的个体赋予额外的权重。然而,使用货币估量的方法也是不可行的,因为每个个体的幸福感水平变得不可见了。

15.5 平等

我们社会中基本的不平等一定是在不同幸福程度的人之间,而不是在不同收入水平的人之间。因此政策分析难道不应该将更多的权重赋予使最不幸福的个体群组变得更幸福的方面么?虽然杰里米·边沁(Jeremy Bentham)不这么认为,但现代观点更倾向于此。既然如此,该分配多少额外权重呢?[12] 也许最好的方法是去征求民众对这一权重的意见。如果是对给定选择进行比较,也可以用敏感性分析方法来判断权重分配所产生的影响。[13]

15.6 折算率

另一个相关问题是,我们还要考虑如何及时加总发生在不同时点的影响。对于大多数的个体而言,一项政策变化的影响会波及数年,有些政策甚至会影响尚未出生的人。那么我们该使用什么样的折算率去对发生在不同年份的影响进行加总呢?传统的成本收益分析中折算率由两种因素叠加组成。第一种因素(社会纯时间折扣率)反映了未来总的不确定性;第二种因素则考虑了"下一代很可能会更富裕从而收入边际效用更低"这一情况的存在。在现行的英国"财政绿皮书"中第一种因素被认为是每年 1.5% 而第二种为每年 2%。⑭ 对于纯时间折扣率而言,我们可以很轻松地举出例子。然而,当以幸福感为单位进行测度时,尽管处理不同代际间的幸福感差异(或是某个人一生中不同年份间的幸福感差异)的分布问题依然存在,收入边际效用递减却不再相关。这一问题目前没有简单的解决办法,且当其在分析中有关键影响时它必须能够被清晰地表示。当其不关键时,使用单独的纯时间折扣率也未尝不可。⑮

如果折算幸福的方法如上,那么未来的公共支出如何折算呢?原则上讲,对于每阶段的公共支出应该有独立的价格。但在实际中,如果公共支出的变化路径是相对平和的,我们可以大致假设以幸福感为单位表示的公共支出的价格在连续的两年内基本保持不变。这也就意味着以当前幸福年份点份为单位表示的未来公共支出价格的折算率和用于衡量未来幸福感的折算率是一样的。

15.7　寿命长短与出生人数

最后我们还需要考虑如何估量寿命长短的变化。大多数人认为寿命越长越好,生活越幸福越好。那么如何将这两种欲望合并到单一的客观测度中去实现对于某个体的评估呢?最常见的方法就是用该个体的寿命乘以其平均幸福感——由此得出该个体一生经历的总幸福感——医学术语称其为生活质量调整生命年数。

首先,为实现上述方法,我们需要设定一项零幸福点——即以比例标度而非基数标度衡量幸福感。典型的衡量生活满意度的标度从 0(完全不满意)到 10(相当满意),因此我们可以将 0 等同解释为零幸福感。

其次,生命在不同年龄时的重要性都相同么?例如,挽救一个新生儿的生命会比挽救一个 40 岁中年人的生命要多一倍的价值么?任何类似的假设都必定会是备受争议的。

最后是有关出生人数的问题。出生率越高世界会越美好么?出于最实际的目的,我们把出生数量作为外生变量。但是一些政策确实会影响出生数量,如法国、印度、日本等国已经尝试通过政策调控使它们的出生率提高(法国)或降低(其他国家)。我们如何评价这些政策呢?让我们设想两种极端情况。一种情况是只有那些已出生个体的生活质量调整寿命年的比例分布是关键的而人口出生数没有影响。此时,在平均幸福感和寿命长度相同的情况下,100 万人的世界和 70 亿人的世界是一样好的。与之相反的观点认为,重要的是所有出生的人的生活质量调整寿命年加总后的总和。[16]这种情况下,即使三倍的出生率会导致每个人的平均生活质量调整寿命年减半,我们也会倾向于选择高出生率。也许大多数人会更倾向于前者——即关注幸福分布比例的政策评估，而这正是本书所提出的观点。

15.8　一些例子

本章此处不对提升幸福感的政策进行详细评测，但我们简单地举一些例子。首先列举一些有关公共支出的政策。最简单的情况是政策的实施导致储蓄大幅增加以至于公共基金成本为负。英国实施的一项提高心理治疗的可及性新公共服务就是如此。它非常有力地证明了在没有增加政府净开支的情况下也可以提升居民幸福感。[17]

但我们不能理所应当的希望每个政策都能自给自足。美国的流动住房计划便是一项起到了积极影响的净支出政策。这项壮举向贫穷人家提供住房凭证，使其能够居住在条件相对不那么差的地方。该政策所造成的经济影响可忽略不计（不包括对幼年时经历搬家的孩子们的影响）[18]，而对居民幸福感的影响却十分显著。在 4—7 年后，与对照组相比，这些居民的心理健康提升了 0.16 个标准差；15 年后，这些使用住房凭证的居民幸福感提升了 0.2 个标准差，大致相当于 0.4 分的生活满意度（0—10）。如果按照每年 1.5% 的真实折算率，累计 30 年计算的话，大约相当于 10 幸福分—年的生活满意度。该政策所耗费的成本为每个家庭净支出 3 700 美元（平均每人净支出更少）。[19]因此每单位幸福分一年的增加所需支出少于 300 美元——可以说非常划算了。

另一个例子是向墨西哥的农民家庭提供水泥地板的政策。[20]实验组家庭被提供(并且都接受)了水泥地板,对照组家庭则没有。3 年后,向实验中的家庭妇女们询问对生活质量是否满意(非常满意或满意＝1;一般或不满意＝0)。对照组的平均值是 0.6,而实验组比平均值高0.11 分——等同于 z 值平均提高约 0.22——即 0.4 个生活满意度分的提高。该政策中每个家庭耗费的成本是 150 美元。如果这种生活满意度的改善能够持续 10 年,就会累计提升 4 个生活满意度分一年——同样是非常划算的。

我们再来看一个有关规章制度对幸福感影响的典型问题:"禁止吸烟是否会提升居民幸福感"。自 1990 年起这项研究已经对超过 50万欧洲人的数据进行了分析。[21]结论是禁令增加了那些想要戒烟的吸烟者的幸福感,而对其他组的人没有显著的消极影响。

15.9 结论

综上所述,我们认为政策分析应当以幸福感为单位衡量效益(除了那些传统方法可行的领域)。这种方法在线上附录 15 中有更为全面的呈现。我们认为这种以幸福感为单位的新方法应当在公共服务和非政府组织中被广泛运用。一旦新方法被采用，人们将会熟悉每一美元的幸福年限通常是可以接受的，而哪些是不可接受的。

不过政策制定者们真的会采纳这种新奇的方法么？如果政治家们想要再度当选，那他们就有充分的理由采纳该方法，因为自 1970 年起的有关欧洲选举的分析显示，居民幸福感是一国执政党派是否能够再度当选的最佳预测指标。[22]它是一种比经济增长、失业或通货膨胀都更强有力的预测指标。

此外，目前政策制定者们没有明确的聚焦点。大多数的政策是通过一系列临时论证产生的，但却并没有给这些临时论证之间搭建联系。幸福感研究正是提供了实实在在的信息来填补这些空缺。虽然这样说为时尚早，本书中的数据仅是抛砖引玉并非最终结论，但不可否认的是幸福感研究提供了一个与许多传统视角都不同的重要新视角。

该方法被用于评估政策切实可行吗？回答同样是肯定的。当现有的成本收益分析法在 60 年前被首次提出时，看起来也是痴人说梦。但在它所应用的有限领域内，该方法已经被不断地改良，现在毋庸置疑成为了一种被普遍应用的研究方法。

相信同样的事情也会发生在以幸福感为基础的政策评估方法上。它最终将会被所有人所接受，成为用于评估社会政策和很多其他方面的标准方法。实验将很有希望成为影响政策改变与否的标准方法，由此带来的益处将是巨大的。

综上,我们有以下四点关键建议。

第一,政府的目标应当是增加人们的幸福感,尤其是减少痛苦。

第二,当以支付意愿为标准衡量收益不可行时,政府应当采用以幸福分—年为基础衡量收益的新政策分析方法。

第三,所有的政策改变应当通过对照组实验进行评估,实验过程中政策变化对幸福感的影响需要被持续例行评估。

第四,社会科学(及其资助者)的主要目标应当是不断探索产生幸福的源泉、如何增强幸福感以及所需要的成本。

注释

① 此方法中假设了人民的基数性和可比性。有关人与人之间可比性的证据,参见 Layard(2010),有关基数性,如果一个变量是基数变量,那就意味着无论 x 和 y 的值是多少,从 x 到 $x+1$ 的变化得分与从 y 到 $y+1$ 的变化得分是相同的。有关幸福感测度是否真的是基数性的证据有限,但 Krueger 和 Schkade(2008)发现两次实验间的差异与被测验者所报告幸福感的水平是无关的,如果上述现象总体上适用,那么就可以支持基数性的假设。

② 更为正式的阐述请参见在线附录 15。

③ 我们稍后会探讨赋予不同个体幸福感权重的问题,现在先假设我们只对其进行简单加总。

④ 如果存在大量的相互排斥的项目,那么情况就会更加复杂。

⑤ 由英国国立健康与临床优化研究所(NICE)制定。

⑥ 英国国立健康与临床优化研究所采用了 2 万英镑和 3 万英镑之间的一个切断点——3.5 万美元。这是有关健康生活年数的区分点。它基本上和交通部估计的居民在 2008 年的死亡成本——165 万英镑(参见 Deloitte LLP,2009,表 1)是一致的。尽管这一价值是基于支付意愿估计的,但也大致反映了剩余的寿命年数对于典型的交通事故受害者的贴现价值。美国的交通部采用了相对更高一点的数额。

⑦ 目前我们假设 1 单位的 LS 等同于 0.1QALYs，通过对社会公众的问卷调查，谢菲尔德的一个研究团队发现人们愿意牺牲大约 10 单位的生活满意度去换取多一年的 $LS=10$ 的生活。

⑧ 每人的可支配收入大约 2 万英镑，或者说 2 万美元×1.5，因此 $\partial H/\partial Y=(0.2/20\,000\times1.25)=1/125\,000$。

⑨ 参见第 2 章。

⑩ 参见 Kahneman，Ritov 和 Schkade(2000)。

⑪ 我们通过一项幸福的方程式 $H=\alpha_1\log Y+\alpha_2 X$（其中 H 是幸福感，而 Y 是收入）获得了一些非货币性质体验的货币价值，其中 X 变化时，收入的等量变化就可以用 $\Delta Y=\dfrac{\alpha_2 Y}{\alpha_1}\Delta X$ 来表示。

⑫ 根据 Rawls(1971)的观点，我们应当仅关注社会最底层群众。

⑬ 我们还应当提到其他的一些直接关注于痛苦的更为数据密集型的方法。一种方法是特别关注于负面情绪，这种负面情绪可以用回答如"昨天你有多伤心/担心/沮丧/愤怒?"等问题来测度（相关回答的数据可参见 Helliwell，Layard and Sachs，2012，第 2—3 章）。此外，我们也可以使用时间使用数据（time-use data），该数据中每个个体被询问有关在过去某天的每段经历中各种积极情绪和消极情绪的程度。正如 Krueger 和他的同事们提出的那样，如果一个时段中最强烈的消极情绪比最强烈的积极情绪更强，那我们就把该时段定义为痛苦的时段（Krueger，Kahneman，Schkade et al.，2009）。由此我们就能够知道每个人一天中痛苦的部分——即所谓的一个人的"痛苦"指数或是 U 指数。我们便可以将平均痛苦指数纳入我们对社会福利的测度中。然而这种方法是非常数据密集型的而且需要收集时间使用数据。

⑭ 此处为实际折扣率（调整了通货膨胀因素）。

⑮ Stern(2007)认为 1.5% 的折扣率太高。

⑯ 参见 Broome(2004)。

⑰ 参见 Layard 和 D.M. Clark(2014)。

⑱ 参见 Ludwig 等(2012)；Ludwig 等(2013)；Kling，Ludwig 和 Katz(2005)；Chetty，Hendren 和 Katz(2016)。

⑲ 数据取自哈佛大学的 Lawrence Katz。

⑳ 参见 Cattaneo 等(2009)。

㉑ 参见 Odermatt 和 Stutzer(2015)。

㉒ 参见 Ward(2015)。

16　幸福的起源

对人们重要的事情一定是我们的政策制定指南。

——安吉拉·默克尔总理(Angela Merkel，2015)

所以，安吉拉·默克尔说的对吗？现在不是人类思想进行根本革命的时候吗？当然，人类努力的终极目标一定是创造繁荣的社会，同时生活于其中的人们对自己的生活深感满意。这不可能是简单的财富创造。如果人们说"我们不能这样做，因为它对经济不利"，我们会说"我们当然不能"。还是会说"什么才是真正的经济呢？相反地，让我们看看谁的生活质量受到了影响，影响程度如何？"

直到最近，这种方法还不易实现：因为相关的知识体系并不健全。不过现在有足够的知识将其转向新的范式。在过去的 30 年里，这类知识一直在以一种混乱、破碎的方式积累：人们使用了许多不同的度量幸福的方法，并且对一种影响的检验与另一种检验是相互独立的。本书不同于以往，我们只使用单一的总体幸福指标：成人的生活满意度和儿童的情绪健康度。我们同时考虑所有可能的影响，以便我们能够恰当地比较它们对幸福的影响。

我们的发现是颠覆性的以至于我们需要重新思考社会的优先目标。事实证明，幸福与收入的关系不如幸福与我们内外部生活的其他关键方面的关系紧密。在外部，关键方面是我们人际关系的质量——首先是与家人和爱人的关系，还有与同事和老板的关系，以及我们所处的当地社会。有许多经济有效的方法可以改善社会中这些关系。

同时，最重要的内部因素是我们的健康，尤其是我们的心理健康。心理健康是幸福的最重要单一预测指标。所以我们需要关于"被剥夺"的一个更广义的概念。人们不管是出于内在或外在的原因而无法享受生活，都等于被剥夺权利。幸运的是，我们现在有非常有效的方法来治疗心理健康问题，其中许多方法可以节省尽可能多的钱。①

在本章中，我们总结关于"什么决定幸福"的主要发现。我们以数字形式呈现这些结论，因为除了使用数字之外，无法比较不同事物的重要性。我们对幸福感的衡量标准是生活满意度，以 0—10 的等级来衡量。因此，比如当我们研究失业如何影响幸福时，我们会问失去多少"幸福分"。答案是 0.7 分。正如我们所有的估计一样，这是综合了多人答案的平均结果，其中一些人会失去更多幸福点，而另一些人则更少。但从政策的角度来看，平均水平是一个很好的起点。

稍后将描述我们究竟如何得到这些发现。但是，在此之前，我们可以通过一些关于决定我们幸福的关键结果来说明所涉及的大量问题。本章的其余部分将对此进行更全面的解释。

16.1 一些关键的研究发现

● 收入。在大多数发达国家,收入差异仅仅解释了人们幸福感变化的 1%(其他条件相同)②,而我们能够识别的所有因素解释了 15% 的变化。将一个人的收入增加一倍会使其幸福感提高不超过 0.2 分(基于 0—10 分的衡量范围)。此外,人们主要关心的是他们相对于其他人的收入。因此,收入的普遍增加对社会整体幸福感的影响非常小。

● 失业。相比之下,失业本身是一种纯粹的坏事。它使每个失业者的幸福感平均降低了约 0.7 分。它还会给正在工作的人带来恐惧和不安:一个人的失业会使社会上其他人的总体幸福感降低 2.0 分。因此,制定经济政策时应该优先考虑经济稳定的目标,③而把长期经济增长的目标放在次优的位置上。

● 家庭生活。有伴侣的人比单身提高了 0.6 分的幸福感,而由于分居或死亡而失去伴侣使幸福感减少的数值与前者大致相等。就像被雇用一样,人们需要被人需要,并建立有意义的关系。

● 精神健康。个人幸福的最大单一预测因素是心理健康。患有抑郁症或焦虑症比失业更常见,它也会使幸福感降低 0.7 分。事实上,心理健康问题与贫困或失业并不高度相关,因此我们需要更广义的概念来解释什么是"被剥夺"。这需要包括精神和生理的痛苦。

● 教育。额外一年的教育对幸福感的增加只有很小的 0.03 分的直接影响,但通过收入和心理健康产生更大的间接影响。这些影响贯穿人生始终。然而,人们在很大程度上重视自己相对于同龄人的教育水平。因此,教育扩张带来的主要整体收益可能来自更加文明的公民与选民社会的外部影响。④

● 儿童成长。所有这些影响幸福的成人因素都会反过来受到儿童在以下三个方面成长模式的影响——情绪、行为和认知。与儿童的情绪健康相比,学历对成人生活满意度的预测效果较差。

● 育儿。作为孩子,你的发展反过来由你的父母和你所受的教育决定,孩子情感发展的最佳预测指标是母亲的精神健康。父母之间的冲突也会损害孩子的情绪发展,儿童时期的贫困亦是如此。不过没有明确的证据表明,一旦孩子超过 1 岁,孩子在母亲外出工作时会产生情绪的波动。

● 学校。学校之间的差异是影响儿童情绪健康变化至关重要的因素。他们的行为举止和学业表现的变化也同样深受其影响。即使在 16 岁时,小学对孩子成长的影响力仍然与中学的影响力相当。

● 老年的孤独感。在老年生活中,最大的问题就是孤独。即便控制他们是否有伴侣,孤独感额外增加一个标准差也会使人的生活满意度降低 0.5 分。

- 社会规范。幸福受到社会风气的巨大影响,其影响着社会中的每一个人。例如,在人们相互信任的社会中,幸福感更高。如果信任他人的程度从 0 上升到 100%,那么幸福感会上升整整 1 分。自由也是幸福的关键决定性因素。因此,向往幸福的人不会支持极权主义国家。

16.2 生命历程法

我们在本书中提出的证据主要来自人们如何在其生命历程中发展的研究。第 1 章概述了我们的方法,但可以在图 16.1 中以程式化的形式重复进行。一个孩子在一个家庭中长大并上学接受教育。这些影响(加上基因)决定了孩子在 16 岁时的"表现"。这里的主要维度是孩子的认知、行为和情绪发展,而情绪维度是衡量孩子幸福感的标准。

然后,孩子成长为成年人,形成许多成年人"表现"(包括收入、就业、伴侣、身心健康)。同时成年人的行为强烈地影响着其他人,反之亦然。成年人还会把自己的诸如收入和教育等成就与其他人达到的成就相比较。所以,图 16.1 展示了我们试图描绘的生活整体情况。

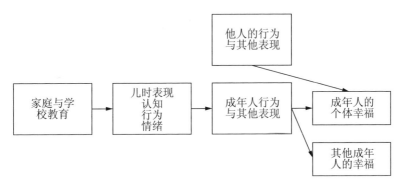

图 16.1　个体的生命历程

因此,总结了我们的研究成果的表格按照以下顺序进行展示。首先,我们看看如何通过直接改变成年人表现来改变成年人的幸福感。然后我们看看如何通过改变儿时表现改变幸福感,最后看看如何反过来通过改变家庭或学校来改变幸福感。

在本书中,我们使用了来自四个主要国家(英国、美国、德国和澳大利亚)的大量数据,这些数据给出了大致相似的结果。在该总结性章节中,我们将主要集中讨论三项英国调查:英国家庭面板调查(BHPS)⑤,每年对一个涵盖所有年龄段的成年人样本进行访谈;英国队列研究(BCS),每隔一段时间对 1970 年出生的人进行一次随访,一直持续到他们 40 多岁;以及包含 1991—1992 年出生的人的埃文郡父母与子女的追踪调查(ALSPAC)。以下表格基于这三个调查的横截面结果,这些结果会时不时根据我们解释的原因进行修正。⑥如前几章所述,所有数字都存在潜在的误差范围。

我们的研究成果与每个人和政策制定者息息相关。但是我们特别渴望看到政策制定方面的革命——当且仅当政策制定者能够以一种方便的形式找到需要的信息时才会发生。所以政策制定者该如何利用这些研究成果呢？

首先，他们希望选择那些最需要新的政策举措的领域。出于这个目的，他们会对最能解释社会生活质量重大变化的因素感兴趣——从一端的苦难不幸到另一端的巨大幸福感。反映这种变化因素的统计数据是偏相关系数或 β 统计量。因此，在接下来的表格中，我们从 β 系数开始探讨。

但是，在这样做之后，政策制定者会想要检验特定的政策可以为提高人们的幸福感带来多少变化。每项政策变更都会产生成本，并会带来特定数量的额外幸福感。这就要求图表显示出，当一种因素变化一个单位，会使社会的幸福感总量在 0—10 的自然单位范围里如何变化。所以，我们还给出了以这种"绝对"方式测量效果的表格。与本书中所有的统计数据一样，这些是最佳估计值但需要相当宽泛的置信区间，所有数据可在线上表格中找到。下面开始本章核心内容的介绍。

16.3 什么样的成年人更幸福？

人们对生活的满意程度千差万别。当被问及对自己生活的满意度（0—10 分）时，25％的英国家庭面板调查受访者给出 6 分或以下的回答,50％是 7 或 8 分,25％给出 9 或 10 分的答复。[7] 所以第一个问题是,什么能够解释这种差别,针对这一问题我们可以做些什么呢?

首先我们来测算一个人成年时情况的影响,控制人们在之前的生活中其他因素不变。当所有其他因素保持不变时,对于每一种因素它们显示出自己的影响。在表 16.1 中,我们聚焦所有 25 岁以上的成年人,而在图 1.2 中,我们仅针对 34 岁和 42 岁的人分析了这个问题。两组结果惊人地相似。

表 16.1　什么解释了成年人生活满意度和痛苦感的差别?(β 统计量)(英国家庭面板调查)(横截面数据)

	生活满意度	痛苦感
收入	**0.09**	**−0.07**
教育(年份)	**0.02**	**−0.02**
没有失业	**0.06**	**−0.07**
没有犯罪	**0.06**	**−0.04**
有伴侣	**0.11**	**−0.08**
生理健康(条件个数)	**0.11**	**−0.09**
心理健康(诊断为抑郁/焦虑)	**0.19**	**−0.16**
R^2	**0.19**	**0.14**

注:基于英国家庭面板数据,除以下几项:"犯罪"来自英国队列研究(参见图 1.2 的注);"抑郁/焦虑"使用的是表 6.2 和表 6.3 中美国和澳大利亚的平均数据。控制变量包括相对收入、教育、失业、伙伴关系、年龄、年龄的平方、是否为女性、是否有子女、年份和地区虚拟变量。粗体表示 $p<0.10$(双侧)。"痛苦感"被定义为家庭面板数据中最低的 9.9％的那部分。
资料来源:线上完整的表 16.1。

我们再一次看到了心理健康和亲密关系的重要性。即便现在我们将老年人口包含进来,依然是精神疾病而非生理疾病能够更好地解释幸福感的变化。收入解释了幸福感不足 1％ 的变化（用 β 统计量的平方来衡量）。

然而，一个显而易见的问题是：什么能够解释最低层次的幸福感？是上述相同的因素吗，或者比如说，收入在解释人们是否真的很不幸时更为重要？表 16.1 的第二列解决了这个问题。那些"处于痛苦中"的人是生活满意度最低的 10％ 左右的人，而且这个等式预测了一个人是否处于痛苦之中。收入并不能很好解释谁处于痛苦之中，正如不能很好解释总体生活满意度一样。心理健康仍然比生理健康更为重要。我们在美国，澳大利亚和德国都得到了类似的研究结果。

怀疑者的一种自然倾向会说："难道心理疾病不是由贫穷或失业引起的吗？"其中一些是。但表 16.1 中的等式明确衡量了并非由贫困或失业引起的心理疾病的影响。无论如何，我们之前已经证明，大多数心理疾病实际上并不是由贫困或失业导致的结果。

16.4 经历的绝对效应

正如我们说过的，解释力是一回事，而改变一种处境会如何提升幸福感又是另一回事。这是表 16.2 的主题。该表展示了生活满意度（0—10 分）如何随着各种环境的变化而增加。分数由 0—10 分的范围来测度。

表 16.2　现有情况如何影响成年人的生活满意度(0—10)？
(英国家庭面板调查)(横截面数据)

	对于生活满意度的 影响(0—10)	对其他人生活满意度的 影响(0—10)
收入翻倍	**+0.12**	**−0.13**
额外一年的教育(直接影响)	**+0.03**	**−0.09**
失业(与就业对比)	**−0.70**	**−2.00**
工作质量(额外 1 标准差)	**+0.40**	—
有伴侣(与单身对比)	**+0.59**	**+0.68**
离异(与有伴侣对比)	**−0.74**	—
丧偶(与有伴侣对比)	**−0.48**	—
作为父母	+0.03	—
一项身体疾病	**−0.22**	—
抑郁和焦虑	**−0.72**	—
一次犯罪	**−0.30 分/年**	**−1.00 分/年**

注:基于英国家庭面板数据。但对于教育和失业的回归系数而言,我们关注的是年龄在 25—64 岁的人群;详见第 3 章和第 4 章。"工作质量"(来自欧洲社会调查)详见第 4 章。"犯罪"详见第 7 章。对"抑郁""焦虑",我们使用的是来自表 6.3 和在线描述性统计的美国和澳大利亚数据的平均系数。粗体表示 $p<0.10$(双侧)。"—"表示未进行研究。

资料来源:线上完整的表 16.2 展示了基础回归结果。

　　表 16.2 第一列展示了个人生活中的各种变化如何影响这个人自身的幸福。第二列展示了这些相同的变化如何影响同一地区、同一年龄组和同一性别中其他人的幸福。

　　以收入为例,我们来解释一下第二列的数据是如何获得的。从标准回归可知,当其比较者的平均收入增加一倍时,一个人的幸福感下降了 0.13 分。[8]但基于图表的目的,我们想知道相反的情况:当一个人的收入增加一倍时,其所有比较者的幸福感会如何下降? 结果显示效果大致相同。假设一个人有 N 个比较者,当这个人的收入增加一倍时，每个比较者发现自己的比较对象的收入增加了 $1/N$，因此每个人幸福感下降了 $0.13/N$。但是因为有 N 个比较者，所以他们的集体幸福感下降了 0.13 分。这就是第二列中的数字。

这些数字的引申之义是毁灭性的。如果以上的估算是正确的，那么收入的增加将不能提升社会的幸福感。因为如果一个人增加了他的收入，那个人会变得更快乐，但是其他人会降低几乎等量的幸福感。同样地，如果所有人增加等量的收入，他们都不会获益。这一分析必须有助于解释一个现象：为什么自 1950 年以来的美国、1970 年以来的联邦德国，生活水平的大幅提高并未伴随着幸福感的增加。这就是说，其他一些国家的幸福感明显上升和收入增长可能在这方面发挥了一定作用。一个重要的结论是：社会比较在收入方面发挥着重要作用，这是不容忽视的。

不幸的是，尽管文献中的相关研究较少，上述结论似乎也适用于多年的教育。额外一年的教育直接将你自己一生的幸福感平均提高了 0.03 分，这是一个很有价值的效果。但是在英国、德国和澳大利亚的证据表明，教育在更大程度上受到比较效应的影响——如果其他人接受了更多的教育，那么无论你自己得到了什么，幸福感都会减少。教育当然也会提高收入、改善心理健康并减少犯罪。即便如此，我们的估计意味着教育扩张无法提高总体生活满意度，除非被公民行为的改善所抵消。我们稍后会看到的政策结论会更多地关注教育质量而不是数量。

相比之下,失业毫无疑问是糟糕的。如果多一个失业者,除了收入损失的影响外,那个人的幸福感会下降 0.7 分。社区幸福感总体损失是额外的 2.0 分。工作质量也很重要:如果工作质量指数提高一个标准差,则生活满意度提高 0.4 分。

拥有伴侣毫无疑问是有益的。这给个人带来快乐,也在平均水平上改善了他人的社会环境。表 16.2 中有伴侣、分居和丧偶的系数是横截面数据,小组的估计数大约是其一半。即便如此,关于亲密关系、分居、丧偶和失业的证据都强调了社会关系对于人类幸福的重要性。当分居和丧偶事件发生时人们会有严重的损失,后面会有一些适应阶段,但平均而言人们并没有回到他们在一起时所拥有的幸福水平。

在生育孩子方面,小组研究的证据是,当孩子出生时会带来很多的快乐。但幸福感很快就会恢复到以前的水平。我们几乎没有证据证明年龄较大的孩子离家的影响,但如果他们能与父母保持联系,这表明他们是增加幸福感的源泉。⑨

当然,疾病也是不幸的主要原因。抑郁或焦虑症使幸福感降低 0.72 分,而身体疾病列表中的一项则降低了 0.22 分的幸福感。

最后,我们来谈谈犯罪的影响。根据英国队列研究,我们可以估计,在 34 岁以前有过犯罪可以使罪犯的幸福感降低 0.30 分/年。⑩但是根据英国犯罪的调查数据,犯罪使其他人的幸福感降低了大约 1 分/年。

16.5　如何通过孩童时期的情况预测成年时期的幸福

到目前为止,这些信息告诉我们通过直接影响成年人的状况我们可以达到什么目标。但影响成年人的另一种方式是通过改变他们的童年。在表 16.3 中,我们研究了儿童发展的三个主要方面,并询问他们预测成年人最终结果的准确度。第 1 列显示了对生活满意度的影响。成年人对自己生活满意程度的最佳预测因素不是他们的学习成绩,而是他们童年时的情绪健康状况。他们的学业表现或者行为——即教育者关注的焦点——对他们来说都不如情绪健康重要。

表 16.3　如何通过 16 岁时的儿时表现预测成年人生活满意度(0—10 分)和行为?(英国队列研究)(横截面数据)

	单位	成年人的生活满意度 (0—10)	30 岁之前犯罪 的次数
最高的标准	标准差(指数)	**0.12**	**−0.50**
16 岁表现优异	标准差(指数)	**0.06**	**−0.50**
16 岁情绪健康	标准差(指数)	**0.18**	−0.04

注:基于英国队列研究。控制变量包括:家庭背景、性别和年龄虚拟变量。粗体表示 $p < 0.10$(双侧)。"犯罪"被假设为"逮捕×3.6"。
资料来源:线上完整的表 16.3。

然而,这并不是故事的结束。因为正如我们所看到的,人类整体的幸福感受到人们彼此行为方式的强烈影响。因此,当我们研究个体时,我们不仅需要了解他们自己的幸福是如何决定的,而且还需要了解是什么决定了他们对其他人的行为。我们几乎没有好的行为衡量标准。人们是否吸引伴侣当然会受到自身行为的影响,但除此之外还受到很多其他因素的影响。我们最易得的行为衡量标准是一个人的犯罪记录。因此,在第 2 列中,我们分析了是什么决定了 30 岁以前人们被判罪或被警告的次数。对此,最好的预测因素是他们的学历水平,以及毫不奇怪的是,他们在孩童时期时的行为表现。

允许这些影响发挥作用是否会改变儿童发展不同方面的相对排名?从其他研究中我们知道,平均每例犯罪都会使人类的总体生活满意度每年降低 1 分。因此,我们可以通过将第 1 列汇总(比如说 60 年),并与第 2 列的负数相结合来计算儿童发展的每个维度对人类幸福的总体影响。即使数字每年都很小,但汇总超过 60 年会使其变得相当大。鉴于此,第 2 列中的数字不会改变我们先前的结论,即为了人类总体幸福的目的,情绪健康是儿童发展的最重要方面。⑪

16.6 父母和学校如何塑造孩子?

那么,是什么决定了孩子 16 岁以后的生活方式呢?⑫到目前为止,最好的证据来自埃文郡调查的研究,该研究记录了家庭生活和学校教育的各项细节。因此,在表 16.4 中,我们深入研究了从孩子出生

到 16 岁的家庭生活如何影响其 16 岁时的生活方式。我们还研究了

学校教育的影响。

表 16.4　家庭和学校教育如何影响 16 岁时的儿时表现(标准化系数)
(埃文郡调查)(横截面数据)

	16 岁的情绪健康	16 岁的行为举止	16 岁的普通中等教育证书成绩
家庭平均收入(log)	**0.07**	**0.08**	**0.14**
父母教育(年限)	—	**0.04**	**0.17**
父亲失业(年限的百分比)	—	—	**−0.03**
母亲工作(第一年的百分比)	—	—	**−0.02**
母亲工作(其他年的百分比)	—	**−0.05**	**0.04**
父母对孩子生活的参与度	**0.04**	**0.05**	**0.02**
父母对孩子生活的侵犯	**−0.03**	**−0.12**	—
母亲的心理健康	**0.16**	**0.17**	**0.03**
父亲的心理健康	**0.04**	—	—
父母之间的矛盾	**−0.04**	**−0.14**	**−0.01**
小学教育的质量	**0.27**	**0.32**	**0.21**
中学教育的质量	**0.28**	**0.31**	**0.38**

　　注:控制变量包括:出生时母亲的年龄、出生时父母的婚姻状况、孩子的性别、种族、出生顺序、兄弟姐妹的人数、出生时的体重、是否早产、在产检时怀孕的月数。粗体表示 $p<0.10$(双侧)。"—"表示在 $p<0.10$(双侧)的显著性水平下不显著。
　　标准差(家庭收入)=0.57;标准差(父母的教育程度)=0.41;标准差(父亲的失业状况)=0.14;标准差(母亲的工作—第一年)=0.37;标准差(母亲的工作—其他年份)=0.37。
　　资料来源:线上完整的表 16.4。

　　我们来看看对这三种儿时表现的影响。16 岁的情绪健康状况由

32 个问题来衡量,一些由孩子自己回答,一些由母亲回答。行为表现

通过向母亲提出的 10 个问题来衡量。认知表现以主要在 16 岁时考

取的普通中等教育证书(GCSE)考试中的得分来衡量。

这三种表现的最终重要性是不同的。情绪健康是我们衡量儿童幸福感的标准——这是最后一种表现。行为是一种中间表现，但无论是在孩童时期还是在成年时期，行为方式对于一个人所打交道的所有其他人来说，都是非常重要的结果。学业成绩的重要性在于它是成年生活的准备。

直到最近，政策辩论的主要焦点是学业成绩。但表16.4向我们展示的是，学业成绩的影响因素与影响儿童幸福的因素截然不同。儿童行为还有另一套决定因素。

决定儿童幸福感的最重要单一家庭因素是母亲的心理健康，这也是决定儿童行为的最主要因素。相比之下，影响学业成绩的最大家庭因素是家庭收入和父母教育。

如果母亲外出工作，孩子们也会在学业上获益（除了在孩子一岁的时候出去工作）。孩子的幸福感不受母亲外出工作的影响。不过有一些证据表明母亲外出会对孩子16岁时的行为有负面影响。

同样，家庭冲突对孩子的幸福感和行为也是有不利影响的，但对他们学业表现的影响并不是特别糟糕。

在探讨了父母对孩子的影响后，对孩子的第二个主要影响是他们所上的小学和中学。因为埃文郡调查样本分散在许多学校，每所学校都有很多孩子，我们就可以问："你的孩子去哪所学校会有多大差异？"我们得到的答案五花八门。

如果我们为每所学校都设置一个虚拟变量，我们可以看到该学校对儿童表现的影响程度。然后我们可以得到这些影响的标准差，这显示在表 16.4 的底部。尽管这些表现是在孩子 16 岁时测量的，但是在影响孩子的幸福感和行为方面，他上的小学和中学都会带来同样很大影响。只有在 16 岁的学业成绩方面，中学的影响比小学更重要。我们还可以追踪个别小学教师对孩子的影响，这对孩子情绪健康的影响甚至大于他们在数学方面的学习。小学教师对孩子的影响可以在 10 年后察觉到。

由于埃文郡调查中每个家庭只研究了一个孩子，因此我们无法对你所在家庭的总体影响进行完全相同的分析。但我们可以探究能够衡量的所有家庭变量的影响效果。在每一情况下，这些影响的总和与中学的影响大致相同。

16.7 公共物品

到目前为止，我们一直在探究在同一社会中一个人与另一个人幸福感不同的原因。不过，有许多东西能以相似的方式影响同一社会中每个人的幸福感，但在不同社会之间存在差异。这些东西即为公共产品，我们只能通过不同社会的比较来研究它们的影响效果。

一个相关论据的来源是各国之间福祉的差异。[13]约翰·赫利韦尔（John Helliwell）在"世界幸福报告"中定期探讨这些问题。每年这份报告都通过所谓的"结题量表"来测度每个国家的平均幸福感:人们都被问及这一问题,"请想象一个梯子,底部为 0 分,顶部为 10 分。梯子的顶部代表着你最想过的生活,梯子的底部代表着你认为最糟糕的生活。在此刻,你个人认为你站在梯子的哪个阶段上?"我们发现这种"生活评估"变量具备与生活满意度非常相似的特性。得分最高的国家通常是丹麦,约为 7.5 分。得分最低的国家包括叙利亚(3.4 分)和中非共和国(2.7 分)。[14]

平均幸福感的这种巨大的国际差异在很大程度上可以用六个变量来解释,这些变量反映了相关国家的收入、健康和社会风气。这些变量是:

- 信任。用肯定回复"你认为大多数其他人可以信任吗?"这一问题的比例衡量。

- 慷慨。用肯定回复"你过去一个月有没有向慈善机构捐款?"这一问题的比例衡量。

- 社会支持。用肯定回复"如果你遇到麻烦,你可以指望自己的亲戚或朋友在你需要的时候提供帮助吗?"这一问题的比例衡量。

- 自由。用肯定回复"你对自己选择怎样生活的自由感到满意吗?"这一问题的比例衡量。

- 收入。用人均 GDP 的对数衡量。

- 健康。用健康的预期寿命(以年为单位)衡量。

正如表 16.5 中的第一列数字所示,这四个社会变量在很大程度上解释了各国幸福感不同的原因。他们可以为幸福感带来重要的影响。例如,相对于每个人都没有社会支持,如果每个人都有社会支持,那么全国平均生活幸福估值会增加 2 分。在 0—10 分的范围内,这是一个巨大的变化。或者如果我们从信任的最低水平(巴西的 7%)上升到最高水平(挪威的 64%),这将使平均生活满意度提高 1.08 分的 57%,即大约 0.6 分。

表 16.5　国家层面的变量如何影响一个国家的平均生活评估水平
(盖洛普世界民意调查)(横截面数据)

	单位	β 系数	对特定变化生活评估 (0—10)的影响
信任	%	0.11	全都 vs.全不：1.08
慷慨	%	0.07	全都 vs.全不：0.54
社会支持	%	0.20	全都 vs.全不：2.03
自由	%	0.18	全都 vs.全不：1.41
收入	log	0.38	双倍：0.23
健康	年份	0.24	额外增加一年：0.03

资料来源:同图 8.1、表 8.1。

收入也具有显著影响,若平均收入增加一倍,幸福感会提高 0.23 分。这一结果是在各国内部的很多个体横截面数据的比较中发现的,不过它与很多国家的时间序列数据不完全一致。例如,多年来美国、英国、联邦德国和澳大利亚的平均幸福感一直很稳定(如图 16.2 所示)。[15]

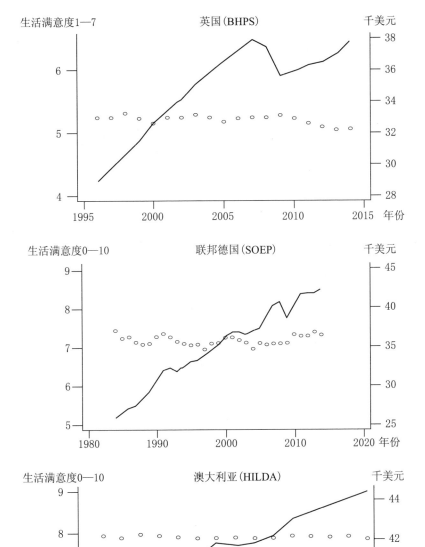

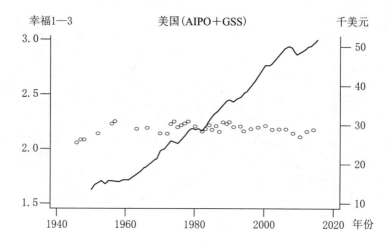

图 16.2　不同时期的平均收入和幸福水平(以 **2010 年为基准年价格计算**)

　　如果各国的横截面数据可以用来预测时间序列数据,我们会非常高兴。但是,横截面数据肯定反映了国际比较的一个要素,在这种情况下,全世界收入的增长效果将不及表中所示的效果。但是,我们认为收入损益应该被视为重要项目,同时我们建议在项目评估中采取合理的收入测算方法,即假设收入增加一倍可以将幸福感提高 0.12 分(如表 16.2 中第一列所示)。

16.8　政策评估

　　所有这些数字的目的(我们希望数量不是太多)是为个人或者政策制定者的决策提供指引。我们希望全世界的政策制定者能够在适当的时候将人民的幸福作为其首要的政策目标。为此，他们将不断寻求可以推进这一目标的政策变革。不管是在最大的财政部还是在最小的非政府组织中，都会发生这种情况。

在每种情况下，他们都会使用有关幸福的科学来选择政策变革的领域，然后设计和测试新政策。这些新政策可以基于（好的或坏的）直觉，或基于以前的实验，或基于现有科学的推论——来自各种各样的地方。但是，无论检验的论据来自何处，新政策都必须在适当的对照实验的基础上进行成本—收益的"酸性测试"。

任何成本—收益分析背后的假设是花费的资金有限。如果这笔钱的花费能带来最多的幸福感，那么应该把每一美元用于那些能够制造最多幸福感的政策上。因此，这里有一些关键的成本/收益比指标，若低于该指标，新政策通过测试；若高于该指标，则新政策失败。

过去15年来，英国国民健康服务中心一直在运作这样一个系统：任何新的疗法必须使每一美元产生足够的额外QALY，才会被推荐在系统中使用。目前，一个额外的QALY至少需要花费35 000美元。

那么，旨在最大化"幸福年份"而不是质量调整年份的政策的等效界限是什么？我们在第15章对此进行了讨论。显然，最终必须通过反复实验来确定该界限。但如果还不确定，一个发达国家可能会选择使用与英国国民健康服务中心相似的界限指标。由于幸福年份是按照0—10的等级来衡量的，而QALY是按照0—1的等级来衡量的，因此一个额外的幸福年份的最大允许成本应设定为3 500美元。

在任何一个国家,都有许多可以通过这项测试的政策计划,而很多处于运行状态的现有政策也无法通过这一测试。虽然这不是本书的主题,但编制这样的清单应该是幸福研究的核心目标。

政策评估还需要面临另外一个问题。正如边沁所建议的那样,到目前为止,不管是谁经历过幸福感的改善,我们只是简单地将幸福感的变化加总起来。但是大多数人都认为防止痛苦的发生比增加现有的幸福感更重要。因此,我们想要给目前处于痛苦之中的人们的幸福感的变化赋予更高的权重。对于最幸福的人来说,我们会赋予其低于平均水平的权重。这些权重是合乎道德的问题,政策制定者需要选择合理的权重。

16.9　未来之路

因此,不仅在人类思想方面,而且在实际的政策制定方面,我们都正处于革命的边缘。弗朗西斯·培根(Francis Bacon)观察到,知识就是力量。他考虑的是物质世界。然而,经过这几个世纪,我们现在已经到了能够量化那些对我们最基本的感受——快乐和痛苦——的影响的阶段。根据本书中提炼的知识,一些令人深刻的印象已经开始出现。

● 我们必须超越"GDP 至上"这一观念,而且我们也能够做到这一点。对于我们自身的幸福与痛苦最重要的事情是：我们的社会关系以及我们的身心健康。

- 因此，我们需要一个比现在更广泛的关于"被剥夺"的概念。如果你不能享受自己的生活，你就被剥夺了应有的权利。同时，剥夺的最常见原因不是贫困或失业，而是精神疾病。

- 我们还需要为国家建立一个新的任务——不是创造财富，而是创造幸福。在过去的这些年中，国家先后成功地解决了贫困、失业、教育和生理健康等问题。但现在同样重要的问题是家庭暴力、酗酒、抑郁和焦虑状况、异化青年、考试狂热等。这些问题的解决应成为现在工作的重心。

安吉拉·默克尔是对的，托马斯·杰斐逊也是对的。对人们有意义的事情必须成为我们的政策决策者——以及全人类提供的指导方针。

注释

① 参见 Layard，D.M. Clark(2014)。

② 在美国这个数字约为 2%；请参见表 2.2 和线上描述性统计。还可参见盖洛普每日民意调查。

③ 由于菲利普斯曲线是非线性的，如果通货膨胀率不增加，经济波动会导致整个周期内更高的平均失业率。此外，收入增长所带来的幸福感增加小于收入降低所带来的幸福感减少，参见 De Neve，Ward，De Keulenaer 等人的著作(即将出版)。

④ 有关此复杂问题的讨论，请参见第 3 章。

⑤ 现在被称为理解社会。

⑥ 我们使用横截面数据，因为通过测量误差和精确定时问题，面板研究的结果更

偏向于零。横截面数据也通过测量误差略微偏向零，但是通过省略关键变量而偏离零。

⑦ 英国家庭面板调查使用的范围为 1—7，但这些数字已经转换为 0—10 分的范围。对于英国队列研究中的生活满意度分布，请参见第 1 章。

⑧ 0.18(0.7)。参见线上完整表 16.2。

⑨ 参见 White 和 Edwards(1990)。Buddelmeyer，Hamermesh 和 Wooden(即将出版)展示了孩子离开家时压力如何减少。

⑩ 减少一分—一年意味着每年减少生活满意度一分。由图 9.2 可知，$(\partial LS / \partial LON) \cdot \sigma_{LON} = 0.28\sigma_{LS}$。

⑪ 例如，60 年来，最高学历的影响将是(7.2—0.87)分—年，而情绪健康的影响将是(10.8—0.04)分—年。

⑫ 关于基因的作用，参见第 12 章。

⑬ 在世界范围内关于人与人之间的生活满意度差异，只有 22％的差异存在于国家之间，78％在于国家内部(Helliwell，Layard and Sachs，2012，12)。

⑭ 参见 Helliwell，Layard 和 Sachs(2017)的图 2.2。其他"顶层"国家包括挪威、冰岛和瑞士，其他"低分"国家包括坦桑尼亚和布隆迪。

⑮ Evelllin，Morgan，Switek 和 Wang(2012)以及 Easterlin，Wang 和 Wang(2017)。

致　谢

本书作为一项长期工程,得到了来自伦敦政治经济学院经济绩效研究中心幸福感研究课题组众多成员的支持。我们特别感谢本书前期工作的核心成员内利·维尔利尔(Nele Warrinnier)和沃恩·纳皮尔·莱克冯福(Warn Nuarpear Lekfuangfu)。我们也要感谢斯蒂芬·梅钦(Stephen Machin)、安德鲁·斯特普托(Andrew Steptoe)和卡米尔·拉索尔(Camille Lassale)对本书部分章节、对经济绩效研究中心做出的贡献,他们的工作为研究的开展创造了良好环境。

在本书的写作过程中,哈里特·奥格本(Harriet Ogborn)始终都是一位出色的团队与书稿管理者。

对本书的各种建议使我们受益颇丰,在此我们要特别感谢蒂姆·贝斯利(Tim Besley)、马丁·杜兰德(Martine Durand)、保罗·弗里杰特(Paul Frijters)、艾米丽·格兰迪(Emily Grundy)、约翰·哈利维尔(John Helliwell)、海泽·乔希(Heather Joshi)、马丁·纳普(Martin Knapp)、阿兰·曼宁(Alan Manning)、格斯·奥唐奈(Gus O'Donnell)、约恩-斯特芬·皮施克(Jörn-Steffen Pischke)、简·沃德

佛格（Jane Waldfogel），以及其他诸多参与过我们在伦敦、巴黎举办的研讨会和其他会议的朋友们。我们还要感谢萨拉·卡罗（Sarah Caro），她是普林斯顿大学出版社一位优秀的编辑。2016年12月，我们在伦敦举行的会议上报告了本书的初稿，这是我们与OECD和主观幸福感研究联盟宝贵合作的一部分，是我们与OECD和经济研究及应用中心（CEPREMAP）的一项重要合作。

本书的研究得到了以下机构的大力资助，这些机构包括：英国老龄研究所（批准号R01AG040640）、邓普顿基金会、劳动与退休金事务部、经济与社会研究会以及幸福感影响机制研究中心（本课题组为该中心横向能力项目的研究团队）。此外，我们还要特别感谢来自以下个人的支持，他们是萨希尔·沃德瓦尼（Sushil Wadhwani）、保罗·都铎·琼斯（Paul Tudor Jones）、安德鲁·罗（Andrew Law）、亨利·贝德福德（Henry Bedford）、萨拉·贝德福德（Sara Bedford）、里舍·科斯拉（Rishi Khosla）、伯川德·甘（Bertrand Kan），以及帕维尔·特普卢克（Pavel Teplukhin）。

本书的完成离不开大量的调查，我们要向这些调查的组织者和所有被采访者致以崇高的谢意。我们在埃文郡父母与子女追踪调查（ALSPAC）方面的工作得到了该项研究的道德与法律委员会和地方研究伦理委员会的伦理认可。我们十分感谢参加埃文郡父母与子女的追踪调查的所有家庭，感谢那些为招募这些家庭做出过努力的助产士以及整个团队，包括访问员、电脑和实验室技术人员、文案人员、研究员、志愿者、项目经理、接待人员和护士。英国医学研究委员会和惠康基金(项目编号:102215/2/13/2)与布里斯托大学为埃文郡父母与子女的追踪调查的开展提供了核心支持。埃文郡父母与子女的追踪调查项目网站(http://www.bristol.ac.uk/alspac/researchers/access/)提供了可供检索的全部详细数据。我们对所有这些调查数据的使用承担全部责任。

　　感谢你们!

安德鲁、莎拉、理查德、尼克和乔治

线上资源目录

以下资源详见:http://cep.lse.ac.uk/origins/onlinematerial.pdf。

- 描述性统计(如表 D1)

  均值、标准差和相关系数

- 全部表格——编号与书中相同

- 其他图表(如表 A1.1)

- 附录

  1　统计数据的解释

  2　收入与幸福感:其他发现

  3a　教育与幸福感:其他发现

  3b　分解分析

  4　失业与幸福感:其他发现

  5　家庭与幸福感:其他发现

  6　身心健康的数据

  7　犯罪与童年(由斯蒂芬·J.梅钦完成)

  9　英国老龄化追踪调查(ELSA)的变量解释

10 财务困难与儿童发展

15 关于幸福的成本—效益分析

● 调查的详细说明

英国队列研究(BCS)

英国家庭面板调查(BHPS)

德国社会经济面板数据(SOEP)

澳大利亚家庭、收入与劳动力动态调查(HILDA)

行为风险因素监控系统(BRFSS)

埃文郡父母与子女的追踪调查(ALSPAC)

● Do 文件

参考文献

Aaronson, D., L. Barrow, and W. Sander. 2007. "Teachers and Student Achievement in the Chicago Public High Schools." *Journal of Labor Economics* 25 (1):95–135.

Acemoglu, D., and J.-S. Pischke. 2001. "Changes in the Wage Structure, Family Income, and Children's Education." *European Economic Review* 45 (4–6):890–904.

Alesina, A., R. Di Tella, and R. MacCulloch. 2004. "Inequality and Happiness: Are Europeans and Americans different?" *Journal of Public Economics* 88 (9):2009–42. doi: 10.1016/j.jpubeco.20033.07.006.

Amato, P. R., and B. Keith. 1991. "Parental Divorce and the Well-Being of Children: A Meta-analysis." *Psychological Bulletin* 110 (1):26–46.

Amato, P. R., L. S. Loomis, and A. Booth. 1995. "Parental Divorce, Marital Conflict, and Offspring Well-Being during Early Adulthood." *Social Forces* 73 (3):895–915.

Amiel, Y., J. Creedy, and S. Hurn. 1999. "Measuring Attitudes towards Inequality." *Scandinavian Journal of Economics* 101 (1):83–96.

Anderson, D. M. 2014. "In School and Out of Trouble? The Minimum Dropout Age and Juvenile Crime." *Review of Economics and Statistics* 96 (2):318–31.

Angrist, J. D., and V. Levy. 1999. "Using Maimonides' Rule to Estimate the Effect of Class Size on Scholastic Achievement." *Quarterly Journal of Economics* 114 (2):533–75.

Anik, L., L. B. Aknin, M. I. Norton, and E. W. Dunn. 2010. "Feeling Good about Giving: The Benefits (and Costs) of Self-Interested Charitable Behavior." *Harvard Business School Discussion Paper No. 10–012.*

Antecol, H., and K. Bedard. 2007. "Does Single Parenthood Increase the Probability of Teenage Promiscuity, Substance Use, and Crime?" *Journal of Population Economics* 20 (1):55–71.

Anusic, I., S. Yap, and R. Lucas. 2014. "Testing Set-Point Theory in a Swiss National Sample: Reaction and Adaptation to Major Life Events." *Social Indicators Research* 119 (3):1265–88.

Araujo, M. C., P. M. Carneiro, Y. Cruz-Aguayo, and N. Schady. 2016. "Teacher Quality and Learning Outcomes in Kindergarten." *Quarterly Journal of Economics* 131 (3):1415–53. doi: 10.1093/qje/qjw016.

Aunola, K., H. Stattin, and J. E. Nurmi. 2000. "Parenting Styles and Adolescents' Achievement Strategies." *Journal of Adolescence* 23 (2):205–22.

Axinn, W. G., G. J. Duncan, and A. Thornton. 1997. "The Effects of Parents' Income, Wealth, and Attitudes on Children's Completed Schooling and Self-Esteem." In *Consequences of Growing Up Poor*, edited by G. J. Duncan and J. Brooks-Gunn, 518–40. New York: Russell Sage Foundation.

Barro, R., and J.-W. Lee. 2012. *A New Data Set of Educational Attainment in the World, 1950–2010.* Harvard University mimeo.

———. 2015. *Education Matters.* Oxford: Oxford University Press.

Bartolini, S., Bilancini, E., and Sarracino, F. 2016. "Social Capital Predicts Happiness over Time: World-Wide Evidence from Time Series." In *Policies for Happiness*, edited by S. Bartolini, E. Bilancini, L. Bruni, and P. L. Porta. Oxford: Oxford University Press, 175–98.

Becchetti, L., S. Castriota, L. Corrado, and E. Ricca. 2013. "Beyond the Joneses: Inter-country Income Comparisons and Happiness." *Journal of Behavioral and Experimental Economics* 45 (C):187–95.

Becker, G. S. 1964. *Human Capital.* New York: Columbia University Press for the National Bureau of Economic Research.

Becker, G. S., and N. Tomes. 1986. "Human Capital and the Rise and Fall of Families." *Journal of Labor Economics* 4 (3):S1–S39.

Bell, B., R. Costa, and S. Machin. 2016. "Crime, Compulsory Schooling Laws and Education." *Economics of Education Review* 54:214–26.

Bentham, J. [1789] 1996. *An Introduction to the Principles of Morals and Legislation.* Oxford: Clarendon.

Berger, L. M., J. Hill, and J. Waldfogel. 2005. "Maternity Leave, Early Maternal Employment and Child Health and Development in the US." *Economic Journal* 115 (501):F29–F47.

Blanchflower, D. G., and A. J. Oswald. 1998. "What Makes an Entrepreneur?" *Journal of Labor Economics* 16 (1):26–60.

———. 2004. "Well-Being over Time in Britain and the USA." *Journal of Public Economics* 88 (7–8):1359–86. doi: 10.1016/S0047–2727 (02)00168–8.

Blanden, J., and P. Gregg. 2004. "Family Income and Educational Attainment: A Review of Approaches and Evidence for Britain." *Oxford Review of Economic Policy* 20 (2):245–63.

Blau, D. M. 1999. "The Effect of Income on Child Development." *Review of Economics and Statistics* 81 (2):261–76.

Blundell, R., D. Green, and W. Jin. 2016. *The UK Wage Premium Puzzle: How Did a Large Increase in University Graduates Leave the Education*

Premium Unchanged? IFS Working Paper (W16/01). Institute for Fiscal Studies. doi: 10.1920/wp.ifs.2016.1601.

Bohman, M. 1996. "Predisposition to Criminality: Swedish Adoption Studies in Retrospect." In *Genetics of Criminal and Antisocial Behaviour*, edited by G. Bock and J. Goode, 99–114. Chichester, UK: John Wiley.

Bratberg, E., K. M. Elseth Rieck, and K. Vaage. 2014. "Intergenerational Earnings Mobility and Divorce." *Journal of Population Economics* 27 (4):1107–26.

Broome, J. 2004. *Weighing Lives*. Oxford: Oxford University Press.

Brown, G., J. Gardner, A. J. Oswald, and J. Qian. 2008. "Does Wage Rank Affect Employees' Wellbeing?" *Industrial Relations* 47 (3):355–89.

Brown, G. W., and T. O. Harris. 1978. *Social Origins of Depression: A Study of Psychiatric Disorder in Women*. London: Tavistock.

Brown, S., and K. Taylor. 2008. "Bullying, Education and Earnings: Evidence from the National Child Development Study." *Economics of Education Review* 27 (4):387–401.

Brown, S. L., R. M. Nesse, A. D. Vinokur, and D. M. Smith. 2003. "Providing Social Support May Be More Beneficial Than Receiving It: Results from a Prospective Study of Mortality." *Psychological Science* 14 (4):320–27.

Bryson, A., and G. MacKerron. 2017. "Are You Happy While You Work?" *Economic Journal* 127 (599):106–25. doi: 10.1111/ecoj.12269.

Buddelmeyer, H., D. S. Hamermesh, and M. Wooden. Forthcoming. "The Stress Cost of Children on Moms and Dads." *European Economic Review*.

Burgess, S. M., C. Propper, and J. Rigg. 2004. "The Impact of Low Income on Child Health: Evidence from a Birth Cohort Study." *LSE STICERD Research Paper No. CASE085*.

Cadoret, R. J., W. R. Yates, E. Troughton, G. Woodworth, and M. A. Stewart. 1995. "Genetic-Environmental Interaction in the Genesis of Aggressivity and Conduct Disorders." *Archives of General Psychiatry* 52 (11):916–24. doi: 10.1001/archpsyc.1995.03950230030006.

Cappelli, P., and P. Sherer. 1988. "Satisfaction, Market Wages and Labor Relations: An Airline Study." *Industrial Relations* 27 (1):56–73.

Caprara, G., C. Fagnani, G. Alessandri, P. Steca, A. Gigantesco, L. Cavalli Sforza, and M. Stazi. 2009. "Human Optimal Functioning: The Genetics of Positive Orientation towards Self, Life, and the Future." *Behavioural Genetics* 39 (3):277–84.

Card, D., A. Mas, E. Moretti, and E. Saez. 2012. "Inequality at Work: The Effect of Peer Salaries on Job Satisfaction." *American Economic Review* 102 (6):2981–3003.

Cattaneo, M. D., S. Galiani, P. J. Gertler, S. Martinez, and R. Titiunik. 2009. "Housing, Health, and Happiness." *American Economic Journal: Economic Policy* 1 (1):75–105.

Cetre, S., A. E. Clark, and C. Senik. 2016. "Happy People Have Children: Choice and Self-Selection into Parenthood." *European Journal of Population* 32:445–73.

Cheng, T. C., N. Powdthavee, and A. J. Oswald. 2017. "Longitudinal Evidence for a Midlife Nadir in Human Well-Being: Results from Four Data Sets." *Economic Journal* 127 (599):126–42.

Cherlin, A. J., F. F. Furstenberg, L. Chase-Lansdale, K. E. Kiernan, P. K. Robins, D. R. Morrison, and J. O. Teitler. 1991. "Longitudinal Studies of Effects of Divorce on Children in Great Britain and the United States." *Science* 252 (5011):1386–89.

Chetty, R., J. Friedman, and J. Rockoff. 2014. "Measuring the Impacts of Teachers I: Evaluating Bias in Teacher Value-Added Estimates." *American Economic Review* 104 (9):2593–632.

Chetty, R., N. Hendren, and L. F. Katz. 2016. "The Effects of Exposure to Better Neighborhoods on Children: New Evidence from the Moving to Opportunity Experiment." *American Economic Review* 106 (4):855–902.

Christoffersen, M. N. 1994. "A Follow-Up Study of Longterm Effects of Unemployment on Children: Loss of Self-Esteem and Self-Destructive Behavior among Adolescents." *Childhood* 2 (4):212–20.

Clark, A. E. 2001. "What Really Matters in a Job? Hedonic Measurement Using Quit Data." *Labour Economics* 8 (2):223–42.

———. 2003. "Unemployment as a Social Norm: Psychological Evidence from Panel Data." *Journal of Labor Economics* 21 (2):323–51.

———. 2010. "Work, Jobs and Well-Being across the Millennium." In *International Differences in Well-Being*, edited by E. Diener, J. Helliwell and D. Kahneman, 436–68. Oxford: Oxford University Press.

———. 2011. "Worker Well-Being in Booms and Busts." In *The Labour Market in Winter: The State of Working Britain*, edited by J. Wadsworth and P. Gregg, 128–43. Oxford: Oxford University Press.

Clark, A. E., and C. D'Ambrosio. 2015. "Attitudes to Income Inequality: Experimental and Survey Evidence." In *Handbook of Income Distribution*, edited by A. Atkinson and F. Bourguignon, 1147–208. Amsterdam: Elsevier.

Clark, A. E., E. Diener, Y. Georgellis, and R. Lucas. 2008. "Lags and Leads in Life Satisfaction: A Test of the Baseline Hypothesis." *Economic Journal* 118 (529):F222–F243.

Clark, A. E., S. Flèche, and C. Senik. 2014. "The Great Happiness Moderation." In *Happiness and Economic Growth: Lessons from Developing Countries*, edited by Andrew E. Clark and Claudia Senik. Oxford: Oxford University Press.

Clark, A. E., P. Frijters, and M. Shields. 2008. "Relative Income, Happiness and Utility: An Explanation for the Easterlin Paradox and Other Puzzles." *Journal of Economic Literature* 46 (1):95–144.

Clark, A. E., and Y. Georgellis. 2013. "Back to Baseline in Britain: Adaptation in the BHPS." *Economica* 80 (319):496–512.

Clark, A. E., Y. Georgellis, and P. Sanfey. 2001. "Scarring: The Psychological Impact of Past Unemployment." *Economica* 68 (270):221–41.

Clark, A. E., A. Knabe, and S. Rätzel. 2010. "Boon or Bane? Others' Unemployment, Well-Being and Job Insecurity." *Labour Economics* 17 (1):52–61.

Clark, A. E., N. Kristensen, and N. Westergård-Nielsen. 2009. "Economic Satisfaction and Income Rank in Small Neighbourhoods." *Journal of the European Economic Association* 7 (2–3):519–27.

Clark, A. E., and O. Lelkes. 2009. *Let Us Pray: Religious Interactions in Life Satisfaction*. PSE Working Paper No. 2009-01. Paris School of Economics.

Clark, A. E., and A. J. Oswald. 1994. "Unhappiness and Unemployment." *Economic Journal* 104 (424):648–59.

Clark, A. E., and C. Senik. 2010. "Who Compares to Whom? The Anatomy of Income Comparisons in Europe." *Economic Journal* 120 (544):573–94.

Clark, A. E., and E. Uglanova. 2012. "Adaptation in the East: Does Context Matter?" PSE mimeo.

Colombier, N., and D. Masclet. 2008. "Intergenerational Correlation in Self-Employment: Some Further Evidence from ECHP Data." *Small Business Economics* 30 (4):423–37.

Cooksey, E., H. Joshi, and G. Verropoulou. 2009. "Does Mothers' Employment Affect Children's Development? Evidence from the Children of the British 1970 Birth Cohort and the American NLSY79." *Longitudinal and Life Course Studies* 1 (1):95–115.

Cooper, C. E., C. A. Osborne, A. N. Beck, and S. S. McLanahan. 2011. "Partnership Instability, School Readiness, and Gender Disparities." *Sociology of Education* 84 (3):246–59.

Cunha, F., and J. Heckman. 2007. "The Technology of Skill Formation." *American Economic Review* 97 (2):31–47.

Danner, D., D. Snowdon, and W. Friesen. 2001. "Positive Emotions in Early Life and Longevity: Findings from the Nun Study." *Journal of Personality and Social Psychology* 80 (5):804–13.

Davidson, R. J. 1992. "Emotion and Affective Style: Hemispheric Substrates." *Psychological Science* 3 (1):39–43.

Davidson, R. J., and S. Begley. 2012. *The Emotional Life of Your Brain*. London: Penguin.

Dee, T. S., and M. R. West. 2011. "The Non-cognitive Returns to Class Size." *Educational Evaluation and Policy Analysis* 33 (1):23–46.

Deloitte LLP. 2009. Review of the Highways Agency Value of Life Estimates for the Purpose of Project Appraisal: A Report to the NAO. National Audit Office.

De Neve, J.-E., E. Diener, L. Tay, and C. Xuereb. 2013. "The Objective Benefits of Subjective Well-Being." In *World Happiness Report 2013*, edited by J. Helliwell, R. Layard and J. Sachs, 58–89. New York: Columbia Earth Institute.

De Neve, J., G. Ward, F. De Keulenaer, B. Van Landeghem, G. Kavestos, and M. Norton. Forthcoming. "The Asymmetric Experience of Positive and Negative Economic Growth: Global Evidence Using Subjective Wellbeing Data." *Review of Economics and Statistics*.

Diener, E., S. D. Pressman, and S. Lyubormirsky. 2015. "Can 1 Million Women Be Wrong about Happiness and Health?" *LA Times*. 17 December. http://www.latimes.com/opinion/op-ed/la-oe-lyubomirsky-et-al-happiness-affects-health-20151217-story.html.

Diener, E., L. Tay, and D. G. Myers. 2011. "The Religion Paradox: If Religion Makes People Happy, Why Are So Many Dropping Out?" *Journal of Personality and Social Psychology* 101 (6):1278–90. doi: 10.1037/a0024402.

Di Tella, R., R. J. MacCulloch, and A. J. Oswald. 2003. "The Macroeconomics of Happiness." *Review of Economics and Statistics* 85 (4):809–27.

Dolan, P. 1997. "Modeling Valuations for EuroQol Health States." *Medical Care* 35 (11):1095–108.

Dolan, P., and R. Metcalfe. 2012. "Valuing Health: A Brief Report on Subjective Well-Being versus Preferences." *Medical Decision Making* 32 (4):578–82.

Dornbusch, S. M., P. L. Ritter, P. H. Leiderman, D. F. Roberts, and M. J. Fraleigh. 1987. "The Relation of Parenting Style to Adolescent School Performance." *Child Development* 58 (5):1244–57.

Downey, G., V. Purdie, and R. Schaffer-Neitz. 1999. "Anger Transmission from Mother to Child: A Comparison of Mothers in Chronic Pain and Well Mothers." *Journal of Marriage and the Family* 61 (1):62–73.

Duncan, G. J., and J. Brooks-Gunn, eds. 1999. *Consequences of Growing Up Poor*. New York: Russell Sage Foundation.

Duncan, G. J., and S. D. Hoffman. 1985. "A Reconsideration of the Economic Consequences of Marital Dissolution." *Demography* 22 (4):485–97.

Dunn, E., L. Aknin, and M. Norton. 2008. "Spending Money on Others Promotes Happiness." *Science* 319:1687–88.

Dustmann, C., and F. Fasani. 2016. "The Effect of Local Area Crime on Mental Health." *Economic Journal* 126 (593):978–1017. doi: 10.1111/ecoj.12205.

Easterlin, R. 1974. "Does Economic Growth Improve the Human Lot?" In *Nations and Households in Economic Growth*, edited by P. A. David and W. B. Melvin, 89–125. Palo Alto, CA: Stanford University Press.

———. 2016. "Paradox Lost?" *IZA Discussion Paper 9676*. Institute for the Study of Labor (IZA).

Easterlin, R., L. Angelescu-McVey, M. Switek, O. Sawangfa, and J. Zweig. 2010. "The Happiness—Income Paradox Revisited." *Proceedings of the National Academy of Sciences* 107 (52):22463–68.

Easterlin, R. A., R. Morgan, M. Switek, and F. Wang. 2012. "China's Life Satisfaction, 1990–2010." *PNAS* 109 (25):9775–80.

Easterlin, R. A., F. Wang, and S. Wang. 2017. "Growth and Happiness in China, 1990–2015." In *World Happiness Report 2017*, edited by J. F. Helliwell, R. Layard, and J. Sachs, 48–83. New York: Sustainable Development Solutions Network.

Edmans, A. 2011. "Does the Stock Market Fully Value Intangibles? Employee Satisfaction and Equity Prices." *Journal of Financial Economics* 101:621–40. doi: 10.1016/j.jfineco.2011.03.021.

———. 2012. "The Link between Job Satisfaction and Firm Value, with Implications for Corporate Social Responsibility." *Academy of Management Perspectives* 26 (4):1–19.

Ellison, C. G. 1991. "Religious Involvement and Subjective Well-Being." *Journal of Health and Social Behavior* 32 (1):80–99.

Ermisch, J., and M. Francesconi. 2013. "The Effect of Parental Employment on Child Schooling." *Journal of Applied Econometrics* 28 (5):796–822.

Ermisch, J., M. Francesconi, and D. J. Pevalin. 2004. "Parental Partnership and Joblessness in Childhood and Their Influence on Young People's Outcomes." *Journal of the Royal Statistical Society. Series A (Statistics in Society)* 167 (1):69–101.

Ferrer-i-Carbonell, A. 2005. "Income and Well-Being: An Empirical Analysis of the Comparison Income Effect." *Journal of Public Economics* 89:997–1019.

Flèche, S. 2017. "Teacher Quality, Test Scores and Non-cognitive Skills: Evidence from Primary School Teachers in the UK." *CEP Discussion Paper 1472*. LSE Centre for Economic Performance.

Flèche, S., W. Lekfuangfu, and A. E. Clark. 2017. "The Long-Lasting Effects of Childhood on Adult Life-Satisfaction: Evidence from Cohort Data." *CEP Discussion Paper 1493*. LSE Centre for Economic Performance.

Fließbach, K., B. Weber, P. Trautner, T. Dohmen, U. Sunde, C. Elger, and A. Falk. 2007. "Social Comparison Affects Reward-Related Brain Activity in the Human Ventral Striatum." *Science* 318 (5854):1305–8.

Ford, T., R. Goodman, and H. Meltzer. 2004. "The Relative Importance of Child, Family, School and Neighbourhood Correlates of Childhood Psychiatric Disorder." *Social Psychiatry and Psychiatric Epidemiology* 39 (6):487–96.

Fredriksson, P., B. Ockert, and H. Oosterbeek. 2013. "Long-Term Effects of Class Size." *Quarterly Journal of Economics* 128 (1):249–85.

Frijters, P., D. Johnston, and M. Shields. 2011. "Happiness Dynamics with Quarterly Life Event Data." *Scandinavian Journal of Economics* 113 (1):190–211.

Fronstin, P., D. H. Greenberg, and P. K. Robins. 2001. "Parental Disruption and Labour Market Performance of Children When They Reach Adulthood." *Journal of Population Economics* 14 (1):137–72.

Godechot, O., and C. Senik. 2015. "Wage Comparisons in and out of the Firm: Evidence from a Matched Employer-Employee French Database." *Journal of Economic Behavior and Organization* 117:395–410.

Goldsmith, A. H., J. R. Veum, and W. Darity. 1996. "The Psychological Impact of Unemployment and Joblessness." *Journal of Socioeconomics* 25 (3):333–58.

Gregg, P., and S. Machin. 2000. "Child Development and Success or Failure in the Youth Labour Market." In *Youth Unemployment and Joblessness in Advanced Countries*, edited by D. Blanchflower and R. Freeman, 247–88. NBER Comparative Labour Market Series. Chicago: University of Chicago Press.

Gregg, P., E. Washbrook, C. Propper, and S. Burgess. 2005. "The Effects of a Mother's Return to Work Decision on Child Development in the UK." *Economic Journal* 115 (501):F48–F80.

Gruber, J. 2004. "Is Making Divorce Easier Bad for Children? The Long-Run Implications of Unilateral Divorce." *Journal of Labor Economics* 22 (4):799–833.

Guo, G., and K. M. Harris. 2000. "The Mechanisms Mediating the Effects of Poverty on Children's Intellectual Development." *Demography* 37 (4):431–47.

Halpern, D. 2004. *Social Capital.* Cambridge: Polity.

Hanson, T. L. 1999. "Does Parental Conflict Explain Why Divorce Is Negatively Associated with Child Welfare?" *Social Forces* 77:1283–316.

Hanushek, E. A. 1970. "The Production of Education, Teacher Quality, and Efficiency." In *Do Teachers Make a Difference?*, edited by U.S. Office of Education, 79–99. Washington, DC: Government Printing Office.

———. 1971. "Teacher Characteristics and Gains in Student Achievement." *American Economic Review* 61 (2):208–88.

———. 1999. "Some Findings from an Independent Investigation of the Tennessee STAR Experiment and from Other Investigations of Class Size Effects." *Educational Evaluation and Policy Analysis* 21 (2):143–63.

Harbaugh, W. T., U. Mayr, and D. R. Burghart. 2007. "Neural Responses to Taxation and Voluntary Giving Reveal Motives for Charitable Donations." *Science* 316:1622–25.

Hardy, B. L. 2014. "Childhood Income Volatility and Adult Outcomes." *Demography* 51 (5):1641–65.

Haveman, R., and B. Wolfe. 1995. "The Determinants of Children's Attainments: A Review of Methods and Findings." *Journal of Economic Literature* 33 (4):1829–78.

Heckman, J., and P. Carneiro. 2003. "Human Capital Policy." In *Inequality in America: What Role for Human Capital Policy?*, edited by J. J. Heckman and A. B. Krueger. Cambridge, MA: MIT Press.

Helliwell, J. F. 2003. "How's Life? Combining Individual and National Variables to Explain Subjective Well-Being." *Economic Modelling* 20 (2):331–60. doi: http://dx.doi.org/10.1016/S0264–9993(02)00057–3.

———. 2007. "Well-Being and Social Capital: Does Suicide Pose a Puzzle?" *Social Indicators Research* 81 (3):455–96. doi: 10.1007/s11205–006 –0022-y.

Helliwell, J. F., H. Huang, S. Grover, and S. Wang. 2014. *Good Governance and National Well-Being: What Are the Linkages?* OECD Working Papers on Public Governance No. 25. OECD.

Helliwell, J. F., H. Huang, and S. Wang. 2016. *New Evidence on Trust and Wellbeing.* NBER Working Paper No. 22450.

Helliwell, J. F., R. Layard, and J. Sachs, eds. 2012. *World Happiness Report*. New York: Earth Institute, Columbia University.

———, eds. 2016. *World Happiness Report Update 2016*. New York: UN Sustainable Development Solutions Network.

———, eds. 2017. *World Happiness Report 2017*. New York: UN Sustainable Development Solutions Network.

Helliwell, J. F., and S. Wang. 2011. "Trust and Wellbeing." *International Journal of Wellbeing* 1 (1):42–78. doi: 10.5502/ijw.v1i1.9.

Hoxby, C. M. 2000. "The Effects of Class Size on Student Achievement: New Evidence from Population Variation." *Quarterly Journal of Economics* 115 (4):1239–85.

Inglehart, R., and H.-D. Klingemann. 2000. "Genes, Culture, Democracy and Happiness." In *Culture and Subjective Wellbeing*, edited by Ed Diener and Eunkook M. Suh. Cambridge, MA: MIT Press.

Jackson, K. 2012. *Non-cognitive Ability, Test Scores and Teacher Quality: Evidence from 9th Grade Teachers in North Carolina*. NBER Working Paper No. 18624.

Jacob, B. A., L. Lefgren, and D. Sims. 2010. "The Persistence of Teacher-Induced Learning Gains." *Journal of Human Resources* 45 (4):915–43.

Jakobsson, N., M. Persson, and M. Svensson. 2013. "Class-Size Effects on Adolescents' Mental Health And Well-Being in Swedish Schools." *Education Economics* 21 (3):248–63.

Jefferson, T. 1809. Letter to the Maryland Republicans." In *The Writings of Thomas Jefferson*. Memorial edition, edited by A. A. Lipscomb and A. E. Bergh, 16:359. Washington, DC: Thomas Jefferson Memorial Association of the United States.

Jekielek, S. M. 1998. "Parental Conflict, Marital Disruption, and Children's Emotional Well-being." *Social Forces* 76:905–36.

Johannsson-Stenman, O., F. Carlsson, and D. Daruvala. 2002. "Measuring Future Grandparents' Preferences for Equality and Relative Standing." *Economic Journal* 112:362–83.

Johnston, D. W., S. Schurer, and M. A. Shields. 2013. "Exploring the Intergenerational Persistence of Mental Health: Evidence from Three Generations." *Journal of Health Economics* 32 (6):1077–89.

Joshi, H., and G. Verropoulou. 2000. Maternal Employment and Child Outcomes. London: Smith Institute Report.

Kahneman, D. 2011. *Thinking, Fast and Slow*. London: Allen Lane.

Kahneman, D., and A. Deaton. 2010. "High Income Improves Evaluation of Life but Not Emotional Well-Being." *Proceedings of the National Academy of Science* 107 (38):16489–93.

Kahneman, D., A. B. Krueger, D. A. Schkade, N. Schwarz, and A. A. Stone. 2004. "A survey method for characterizing daily life experience: the day reconstruction method (DRM)." *Science* 306:1776–1780. doi: 10.1126/science.1103572.

Kahneman, D., I. Ritov, and D. A. Schkade. 2000. "Economic Preferences or Attitude Expressions? An Analysis of Dollar Responses to Public Issues." In *Choices, Values and Frames*, edited by D. Kahneman and A. Tversky. Cambridge: Cambridge University Press and Russell Sage Foundation.

Kane, T., and D. Staiger. 2008. *Estimating Teacher Impacts on Student Achievement: An Experimental Evaluation*. NBER Working Paper No. 14607.

Kiernan, K. E. 1997. *The Legacy of Parental Divorce: Social, Economic and Demographic Experiences in Adulthood*. Centre for Analysis of Social Exclusion, London School of Economics and Political Science.

Kiernan, K. E., and M. C. Huerta. 2008. "Economic Deprivation, Maternal Depression, Parenting and Children's Cognitive and Emotional Development in Early Childhood." *British Journal of Sociology* 59 (4):783–806.

Kim, Y., and M. Sherraden. 2011. "Do Parental Assets Matter for Children's Educational Attainment? Evidence from Mediation Tests." *Children and Youth Services Review* 33 (6):969–79.

Kingdon, G., and J. Knight. 2007. "Community, Comparisons and Subjective Well-Being in a Divided Society." *Journal of Economic Behavior and Organization* 64 (1):69–90.

Kling, J., J. Ludwig, and L. Katz. 2005. "Neighborhood Effects on Crime for Female and Male Youth: Evidence from a Randomized Housing Voucher Experiment." *Quarterly Journal of Economics* 120 (1):87–130.

Knack, S. 2001. "Trust, Associational Life and Economic Performance." In *The Contribution of Human and Social Capital to Sustained Economic Growth and Well-Being*, edited by J. Helliwell and A. Bonikowska. Ottawa: HRDC and OECD.

Knight, J., and R. Gunatilaka. 2010. "Great Expectations? The Subjective Well-Being of Rural-Urban Migrants to China." *World Development* 38 (1):113–24.

Knight, J., L. Song, and R. Gunatilaka. 2010. "The Determinants of Subjective Well-Being in China." *China Economic Review* 20 (4):635–49.

Krueger, A. B. 2003. "Economic Considerations and Class Size." *Economic Journal* 113 (485):F34–F63.

———. 2007. "Are We Having Fun Yet? Categorizing and Evaluating Changes in Time Allocation." *Brookings Papers on Economic Activity* 2:193–217.

Krueger, A. B., D. Kahneman, C. Fischler, D. A. Schkade, N. Schwarz, and A. A. Stone. 2009. "Comparing Time Use and Subjective Well-being in France and the US." *Social Indicators Research* 93:7–18.

Krueger, A. B., D. Kahneman, D. A. Schkade, N. Schwarz, and A. A. Stone. 2009. "National Time Accounting: The Currency of Life." In *Measuring the Subjective Well-Being of Nations: National Accounts of Time Use and Well-Being*, edited by A. B Krueger, 9–86. Chicago: University of Chicago Press.

Krueger, A. B., and D. A. Schkade. 2008. "The Reliability of Subjective Well-Being Measures." *Journal of Public Economics* 92 (8–9):1833–45.

Lamborn, S. D., N. S. Mounts, L. Steinberg, and S. M. Dornbusch. 1991. "Patterns of Competence and Adjustment among Adolescents from Authoritative, Authoritarian, Indulgent, and Neglectful Families." *Child Development* 62 (5):1049–65.

Lamu, A. N., and J. A. Olsen. 2016. "The Relative Importance of Health, Income and Social Relations for Subjective Well-Being: An Integrative Analysis." *Social Science and Medicine* 152:176–85.

Larson, R. W., and S. Gillman. 1999. "Transmission of Emotions in the Daily Interactions of Single-Mother Families." *Journal of Marriage and the Family* 61 (1):21–37.

Layard, R. 2006. "Happiness and Public Policy: A Challenge to the Profession." *Economic Journal* 116 (March):C24–C33.

———. 2010. "Measuring Subjective Well-Being." *Science* 327 (5965): 534–35.

———. 2011. *Happiness: Lessons from a New Science*. 2nd ed. London: Penguin.

Layard, R., A. E. Clark, F. Cornaglia, N. Powdthavee, and J. Vernoit. 2014. "What Predicts a Successful Life? A Life-Course Model of Well-Being." *Economic Journal* 124:F720–38.

Layard, R., A. E. Clark, and C. Senik. 2012. "The Causes of Happiness and Misery." In *World Happiness Report*, edited by J. F Helliwell, R. Layard and J. Sachs, 58–89. New York: Earth Institute, Columbia University.

Layard, R., and D. M. Clark. 2014. *Thrive: The Power of Evidence-Based Psychological Therapies*. London: Penguin.

Layard, R., and J. Dunn. 2009. *A Good Childhood: Searching for Values in a Competitive Age, Report for the Children's Society*. London: Penguin.

Layard, R., G. Mayraz, and S. J. Nickell. 2010. "Does Relative Income Matter? Are the Critics Right?" In *International Differences in Well-Being*, edited by E. Diener, J. F. Helliwell, and D. Kahneman, 139–65. New York: Oxford University Press.

Layard, R., S. Nickell, and R. Jackman. 2005. *Unemployment: Macroeconomic Performance and the Labour Market*. 2nd ed. Oxford: Oxford University Press.

Layard, R., S. J. Nickell, and G. Mayraz. 2008. "The Marginal Utility of Income." In "Happiness and Public Economics," special issue, *Journal of Public Economics* 92 (8–9):1846–57.

Layard, R., and G. Psacharopoulos. 1974. "The Screening Hypothesis and Returns to Education." *Journal of Political Economy* 82 (5):985–98.

Liu, B., S. Floud, K. Pirie, J. Green, R. Peto, and V. Beral. 2015. "Does Happiness Itself Directly Affect Mortality? The Prospective UK Million Women Study." *Lancet* 387 (10021):874–81. doi: http://dx.doi.org/10.1016/S0140–6736(15)01087–9.

Lochner, L., and E. Moretti. 2004. "The Effect of Education on Crime: Evidence from Prison Inmates, Arrests and Self-Reports." *American Economic Review* 94:155–89.

Lucas, R., A. E. Clark, Y. Georgellis, and E. Diener. 2003. "Re-examining Adaptation and the Setpoint Model of Happiness: Reaction to Changes in Marital Status." *Journal of Personality and Social Psychology* 84 (3):527–39.

———. 2004. "Unemployment Alters the Set-Point for Life Satisfaction." *Psychological Science* 15 (1):8–13.

Ludwig, J., G. J. Duncan, L. A. Gennetian, L. F. Katz, R. C. Kessler, J. R. Kling, and L. Sanbonmatsu. 2012. "Neighborhood Effects on the Long-Term Well-Being of Low-Income Adults." *Science* 337 (6101):1505–10. doi: 10.1126/science.1224648.

———. 2013. "Long-Term Neighborhood Effects on Low-Income Families: Evidence from Moving to Opportunity." *American Economic Review* 103 (3):226–31.

Lundberg, U., and C. L. Cooper. 2011. *The Science of Occupational Health: Stress, Psychobiology and the New World of Work*. Oxford: Wiley-Blackwell.

Luttmer, E. 2005. "Neighbors as Negatives: Relative Earnings and Well-Being." *Quarterly Journal of Economics* 120 (3):963–1002.

Lykken, D. 1999. *Happiness: The Nature and Nurture of Joy and Contentment*. New York: St Martin's Griffin.

Machin, S., O. Marie, and S. Vujic. 2011. "The Crime Reducing Effect of Education." *Economic Journal* 121:463–84.

Maurin, E. 2002. "The Impact of Parental Income on Early Schooling Transitions: A Re-examination Using Data over Three Generations." *Journal of Public Economics* 85 (3):301–32.

McLoyd, V. C. 1989. "Socialization and Development in a Changing Economy: The Effects of Paternal Job and Income Loss on Children." *American Psychologist* 44 (2):293–302.

McMunn, A., Y. Kelly, N. Cable, and M. Bartley. 2010. "Maternal Employment and Child Socio-emotional Behavior in the UK: Longitudinal Evidence from the Cohort Study." *Journal of Epidemiology and Community Health* 66 (7): e19.

Meier, S., and A. Stutzer. 2008. "Is Volunteering Rewarding in Itself?" *Economica* 75 (1):39–59.

Mistry, R. S., E. A. Vandewater, A. C. Huston, and V. C. McLoyd. 2002. "Economic Well-Being and Children's Social Adjustment: The Role of Family Process in an Ethnically Diverse Low-Income Sample." *Child Development* 73 (3):935–51.

Morawetz, D. 1977. " Income Distribution and Self-Rated Happiness: Some Empirical Evidence." *Economic Journal* 87:511–22.

Mukuria, C., T. Peasgood, D. Rowen, and J. Brazier. 2016. "An Empirical Comparison of Well-Being Measures Used in UK." Research Interim Report RR0048. Policy Research Unit in Economic Evaluation of Health and Social Care Interventions, University of Sheffield and University of York. http://www.eepru.org.uk/EEPRU%20Report%20-%20Empirical%20comparison%20of%20well-being%20measures%20version%20final%20November%2016.pdf.

Myrskyla, M., and R. Margolis. 2014. "Happiness: Before and after the Kids." *Demography* 51 (5):1843–66.

NFPI (National Family and Parenting Institute). 2000. "Teenagers' Attitudes to Parenting: A Survey of Young People's Experiences of Being Parented, and Their Views on How to Bring Up Children." *NFPI Survey Conducted by MORI*. London: National Family and Parenting Institute.

Nguyen, A.-M. D., and V. Benet-Martínez. 2012. "Biculturalism and Adjustment: A Meta-analysis." *Journal of Cross-Cultural Psychology* 20 (10):1–38.

Nikolaev, B. 2016. "Does Other People's Education Make Us Less Happy?" *Economics of Education Review* 52:176–91.

O'Connor, T. G., J. Heron, J. Golding, M. Beveridge, and V. Glover. 2002. "Maternal Antenatal Anxiety and Children's Behavioral/Emotional Problems at 4 Years: Report from the Avon Longitudinal Study of Parents and Children." *British Journal of Psychiatry* 180 (6):502–8.

Odermatt, R., and A. Stutzer. 2015. "Smoking Bans, Cigarette Prices and Life Satisfaction." *Journal of Health Economics* 44:176–94.

O'Donnell, G., A. Deaton, M. Durand, D. Halpern, and R. Layard. 2014. *Wellbeing and Policy*. London: Legatum Institute.

OECD. 2013a. *OECD Guidelines on Measuring Subjective Well-Being*. Paris: OECD.

———. 2013b. "Well-Being in the Workplace: Measuring Job Quality." In *How's Life? 2013: Measuring Well-Being*, 147–74. Paris: OECD.

———. 2016. Strategic Orientations of the Secretary-General: For 2016 and Beyond. Meeting of the OECD Council at Ministerial Level Paris, 1–2 June 2016. https://www.oecd.org/mcm/documents/strate gic-orientations-of-the-secretary-general-2016.pdf.

Office for National Statistics. 2015. "Births by Parents' Characteristics in England and Wales: 2014." *Statistical Bulletin*. https://www.ons.gov .uk/peoplepopulationandcommunity/birthsdeathsandmarriages/ livebirths/bulletins/birthsbyparentscharacteristicsinenglandand wales/2014.

Okbay, A., B.M.L. Baselmans, J.-E. De Neve, P. Turley, M. G. Nivard, M. A. Fontana, . . . and D. Cesarini. 2016. "Genetic Variants Associated with Subjective Well-Being, Depressive Symptoms, and Neuroticism Identified through Genome-Wide Analyses." *Nature Genetics* 48 (6):624–33. doi: 10.1038/ng.3552 http://www.nature.com/ng/ journal/v48/n6/abs/ng.3552.html#supplementary-information.

Olesen, K., R. Rugulies, N. Rod, and J. Bonde. 2014. "Does Retirement Reduce the Risk of Myocardial Infarction? A Prospective Registry Linkage Study of 617 511 Danish Workers." *International Journal of Epidemiology* 43 (1):160–67.

Oreopoulos, P., and U. Petronijevic. 2013. "Making College Worth It: A Review of the Returns to Higher Education." *Future of Children* 23:41–65.

Oreopoulos, P., and K. Salvanes. 2011. "Priceless: The Nonpecuniary Benefits of Schooling." *Journal of Economic Perspectives* 25 (1):159–84.

Oswald, A. J., and N. Powdthavee. 2008. "Does Happiness Adapt? A Longitudinal Study of Disability with Implications for Economists and Judges." *Journal of Public Economics* 92:1061–77.

Pargament, K. I. 2002. "The Bitter and the Sweet: An Evaluation of the Costs and Benefits of Religiousness." *Psychological Inquiry* 13:168–81.

Pearson, H. 2016. *The Life Project: The Extraordinary Story of Our Ordinary Lives*. London: Allen Lane.

Pietschnig, J., and M. Voracek. 2015. "One Century of Global IQ Gains: A Formal Meta-analysis of the Flynn Effect (1909–2013)." *Perspectives on Psychological Science* 10 (3):282–306.

Pinker, S. 2011. *The Better Angels of Our Nature: The Decline of Violence in History and Its Causes*. London: Allen Lane.

Pinquart, M., and S. Sorensen. 2000. "Influences of Socioeconomic Status, Social Network, and Competence on Subjective Well-Being in Later Life: A Meta-analysis." *Psychological Aging* 15 (2):187–224.

Pissarides, C. 2000. *Equilibrium Unemployment Theory*. Cambridge, MA: MIT Press.

Plomin, R., J. C. DeFries, V. S. Knopik, and J. M. Neiderhiser, eds. 2013. *Behavioral Genetics*, 6th ed. New York: Worth.

Pluess, M., ed. 2015. *Genetics of Psychological Well-Being: The Role of Heritability and Genetics in Positive Psychology*. Oxford: Oxford University Press.

Powdthavee, N. 2007. "Are There Geographical Variations in the Psychological Cost of Unemployment in South Africa?" *Social Indicators Research* 80:629–52.

Powdthavee, N., and J. Vernoit. 2013. "Parental Unemployment and Children's Happiness: A Longitudinal Study of Young People's Well-Being in Unemployed Households." *Labour Economics* 24:253–63.

Powdthavee, N., and A. Vignoles. 2008. "Mental Health of Parents and Life Satisfaction of Children: A Within-Family Analysis of Intergenerational Transmission of Well-Being." *Social Indicators Research* 88 (3):397–422.

Prevoo, T., and B. ter Weel. 2015. "The Effect of Family Disruption on Children's Personality Development: Evidence from British Longitudinal Data." *De Economist* 163 (1):61–93.

Putnam, R. 2000. *Bowling Alone: The Collapse and Revival of American Community*. New York: Simon and Schuster.

Qari, S. 2014. "Marriage, Adaptation and Happiness: Are There Long-Lasting Gains to Marriage?" *Journal of Behavioral and Experimental Economics* 50:29–39.

Rawls, J. 1971. *A Theory of Justice*. Cambridge, MA: Harvard University Press.

Ricard, M. 2015. *Altruism: The Power of Compassion to Change Yourself and the World*: Little, Brown.

Rivkin, S. G., E. A. Hanushek, and J. F. Kain. 2005. "Teachers, Schools, and Academic Achievement." *Econometrica* 73 (2):417–58.

Robertson, I., and C. L. Cooper. 2011. *Well-Being: Productivity and Happiness at Work*. London: Palgrave Macmillan.

Rockoff, J. E. 2004. "The Impact of Individual Teachers on Student Achievement: Evidence from Panel Data." *American Economic Review* 94 (2):247–52.

Rothstein, J. 2010. "Teacher Quality in Educational Production: Tracking, Decay and Student Achievement." *Quarterly Journal of Economics* 125 (1):175–214.

Rudolf, R., and S.-J. Kang. 2015. "Lags and Leads in Life Satisfaction in Korea: When Gender Matters." *Feminist Economics* 21 (1):136–63.

Ruhm, C. J. 1991. "Are Workers Permanently Scarred by Job Displacements?" *American Economic Review* 81:319–24.

———. 2004. "Parental Employment and Child Cognitive Development." *Journal of Human Resources* 39 (1):155–92.

Sacks, D. W., W. Stevenson, and J. Wolfers. 2012. "The New Stylized Facts about Income and Subjective Wellbeing." *Emotion* 12 (6):1181–87.

Sammons, P., K. Sylva, E. Melhuish, I. Siraj-Blatchford, B. Taggart, K. Toth, and R. Smees. 2014. *"Effective Pre-school, Primary and Secondary Education 3–16 (EPPSE 3–16): Influences on Students' GCSE Attainment and Progress at Age 16."* Research Report DFE-RR202. London: Department for Education. http://eppe.ioe.ac.uk/eppse3-14/eppse3-14pdfs/DFE-RR202.pdf.

Sarracino, F. 2010. "Social Capital and Subjective Well-Being Trends: Comparing 11 Western European Countries." *Journal of Socio-economics* 39:482–517.

Schwarze, J., and M. Härpfer. 2007. "Are People Inequality Averse, and Do They Prefer Redistribution by The State? Evidence from German Longitudinal Data on Life Satisfaction." *Journal of Socio-economics* 36 (2):233–49.

Sen, A. 1999. *Development as Freedom*. New York: Knopf.

Senik, C. 2004. "When Information Dominates Comparison: A Panel Data Analysis Using Russian Subjective Data." *Journal of Public Economics* 88:2099–123.

Shea, J. 2000. "Does Parents' Money Matter?" *Journal of Public Economics* 77 (2):155–84.

Singer, P. 1981. *The Expanding Circle: Ethics and Sociobiology*. Oxford: Oxford University Press.

Singer, T., and M. Ricard, eds. 2016. *Caring Economics*. Picador USA.

Smith, T. B., M. E. McCullough, and J. Poll. 2003. "Religiousness and Depression: Evidence for a Main Effect and the Moderating Influence of Stressful Life Events." *Psychological Bulletin* 129:614–36.

Soares, R. R. 2010. *Welfare Costs of Crime and Common Violence: A Critical Review*. Working Paper 581, Department of Economics, PUC-Rio.

Solnick, S., and D. Hemenway. 2005. "Are Positional Concerns Stronger in Some Domains Than in Others?" *American Economic Review* 95 (2):147–51.

Steinberg, L., S. D. Lamborn, S. M. Dornbusch, and N. Darling. 1992. "Impact of Parenting Practices on Adolescent Achievement: Authoritative Parenting, School Involvement, and Encouragement to Succeed." *Child Development* 63 (5):1266–81.

Steptoe, A., E. Breeze, J. Banks, and J. Nazroo. 2013. "Cohort Profile: The English Longitudinal Study of Ageing." *International Journal of Epidemiology* 42 (6):1640–48.

Steptoe, A., A. Deaton, and A. Stone. 2015. "Subjective Wellbeing, Health, and Ageing." *Lancet* 385 (9968):640–48.

Steptoe, A., and J. Wardle. 2012. "Enjoying Life and Living Longer." *Archives of Internal Medicine* 172 (3):273–75.

Stern, N. 2007. *The Economics of Climate Change: The Stern Review.* Cambridge: Cambridge University Press.

Stevenson, B., and J. Wolfers. 2008. "Economic Growth and Subjective Well-Being: Reassessing the Easterlin Paradox." *Brookings Papers on Economic Activity* 1:1–87.

———. 2010. "Inequality and Subjective Well-Being." Retrieved from https://editorialexpress.com/cgi-bin/conference/download.cgi?db _name=ALEA2010&paper_id=266.

Stone, A., J. Schwartz, J. Broderick, and A. Deaton. 2010. "A Snapshot of the Age Distribution of Psychological Well-Being in the United States." *Proceedings of the National Academy of Science* 107 (22):9985–90.

Sylva, K., E. Melhuish, P. Sammons, I. Siraj-Blatchford, and B. Taggart. 2004. *The Effective Provision of Pre-school Education (EPPE) Project: Final Report; A Longitudinal Study Funded by the DfES 1997–2004.* DfES Publications.

Talge, N. M., C. Neal, and V. Glover. 2007. "Antenatal Maternal Stress and Long-Term Effects on Child Neurodevelopment: How and Why?" *Journal of Child Psychology and Psychiatry* 48 (3–4):245–61.

Tellegen, A., D. T. Lykken, T. J. Bouchard, K. J. Wilcox, N. L. Segal, and S. Rich. 1988. "Personality Similarity in Twins Reared Apart and Together." *Journal of Personality and Social Psychology* 54 (6):1031–39.

Thoits, P., and L. Hewitt. 2001. "Volunteer Work and Well-Being." *Journal of Health and Social Behavior* 42 (2):115–31.

Tienari, P., L. C. Wynne, J. Moring, I. Lahti, M. Naarala, A. Sorri, et al. 1994. "The Finnish Adoptive Family Study of Schizophrenia:

Implications for Family Research." *British Journal of Psychiatry* 164 (23):20–26.

van den Berg, B., D. Fiebig, and J. Hall. 2014. "Well-Being Losses Due to Care-Giving." *Journal of Health Economics* 35:123–31.

Waldfogel, J., W.-J. Han, and J. Brooks-Gunn. 2002. "The Effects of Early Maternal Employment on Child Cognitive Development." *Demography* 39 (2):369–92.

Walker, I., and Y. Zhu. 2008. "The College Wage Premium and the Expansion of Higher Education in the UK." *Scandinavian Journal of Economics* 110:695–709.

Ward, G. 2015. *Is Happiness a Predictor of Election Results?* CEP Discussion Paper No. 1343. LSE Centre for Economic Performance.

Washbrook, E., P. Gregg, and C. Propper. 2014. "A Decomposition Analysis of the Relationship between Parental Income and Multiple Child Outcomes." *Journal of the Royal Statistical Society: Series A (Statistics in Society)* 177 (4):757–82.

Weitzman, L. J. 1985. *The Divorce Revolution*. New York: Free Press.

Westerlund, H., M. Kivimäki, A. Singh-Manoux, M. Melchior, J. Ferrie, J. Pentti, . . . J. Vahtera. 2009. "Self-Rated Health before and after Retirement in France (GAZEL): A Cohort Study." *Lancet* 374 (9705): 1889–96.

White, L., and J. N. Edwards. 1990. "Emptying the Nest and Parental Well-Being: An Analysis of National Panel Data." *American Sociological Review* 55 (2):235–42. doi: 10.2307/2095629.

Wilkinson, R., and K. Pickett. 2009. *The Spirit Level: Why More Equal Societies Almost Always Do Better*. London: Allen Lane.

Winkelmann, L., and R. Winkelmann. 1998. "Why Are the Unemployed So Unhappy? Evidence from Panel Data." *Economica* 65:1–15.

World Health Organisation (WHO). 2008. The Global Burden of Disease: 2004 Update. Geneva: World Health Organisation.

Yeung, W.-J. J., and D. Conley. 2008. "Black-White Achievement Gap and Family Wealth." *Child Development* 79 (2):303–24.

Yeung, W.-J. J., M. R. Linver, and J. Brooks-Gunn. 2002. "How Money Matters for Young Children's Development: Parental Investment and Family Processes." *Child Development* 73 (6):1861–79.

Zaki, J., and J. P. Mitchell. 2011. "Equitable Decision Making Is Associated with Neural Markers of Intrinsic Value." *Proceedings of the National Academy of Sciences* 108 (49):19761–66.

译后记

2018 年春季,格致出版社的相关负责人电话联系到南开大学,问我们是否愿意翻译普林斯顿大学出版社出版的《幸福之源》(*The Origins of Happiness*)一书,电话交流顺畅,不足 30 分钟便使合作意向初步达成。

交流顺畅,主要源自彼此间的信任。格致出版社在我国高等教育出版领域口碑良好,竭诚向高校师生提供一流的教学支持服务,引进翻译了很多质量上乘的外文教材和专著。格致出版社通过刊发在 2018 年 2 月 20 日《人民日报》上的书评——《什么是幸福经济学》[①],了解到南开大学在"幸福经济学"方面具备良好的课程建设和教材建设基础。

《幸福之源》一书的原作者安德鲁·克拉克教授、理查德·莱亚德教授等都是幸福经济学研究领域的知名学者。理查德·莱亚德教授曾担任过布莱尔和布朗两任首相的经济学顾问,他的著作《不幸福的经济学》在国内更是有着广泛的影响力。理查德·莱亚德教授原有的

---

① 逄锦聚:《什么是幸福经济学》,载《人民日报》2018 年 2 月 20 日。

研究领域是失业经济学，但当他注意到某些贵族学校 40％多的学生来自单亲家庭，以及注意到家庭责任感、社会责任感缺失等一系列不良社会现象对"生命意义感、价值感、幸福感、上乘生命体验"的根本性伤害时，关注现实社会难题的良知让他打破了学科界限，开始关注一些超越经济学传统边界的问题。在他看来，灵魂一旦迷失了方向，其对个人内心所造成的混乱与痛苦，远大于失业等经济问题所导致的负面影响。关注经济问题，需要同时关注人的内心感受、精神秩序与生命体验！

本书从收入、教育、家庭、心理健康与社会制度等不同角度，以全新的范式，为读者展现一幅少儿阶段、成人阶段以及政策制定路径的幸福起因明细图。正如安德鲁·克拉克教授等在本书引言中指出的，这是关于人本思想彻底革新的一本书，它的目的不是向读者灌输大量有关幸福的概念或统计数据，而是以全新的范式力图清晰地阐明相关知识，并用量化的方程式呈现我们已知的幸福成因。这也是我们选择将这本书介绍给中国读者的一个重要原因。

世界银行曾明确指出：竞争性市场是人类迄今为止发现的有效进行生产和产品分配的最佳方式。市场经济承认"个人效用最大化""收入最大化"之合理性。家贫万事难，国贫易遭欺，发展是硬道理。但经济领域的金科玉律在文化、社会领域并非绝对真理。个人效用最大化原则不能在生活中简单泛化，个人主义和功利主义更不能堂而皇之到处流布。亲情、包容、身心健康、家庭责任感、社会责任感等事关生命质量的诸多"无价"要素若都被功利性追逐无情碾压,"无价"之贵被有价之物庸俗淹没,生活之大美体验定会远离,生命之神圣也定会坍塌。①

中国传统文化强调为天地立心,为生民立命。一个过于个人主义的人是难以安心立命的。若每个人都追逐个人效用最大化,最后这个社会谁都没有效用可言。一个人的个人价值追求,必须与社会价值、与天地价值融合起来,他才有可能通达安心立命之正途。外求过于个人主义,内心就难以安顿。现代社会过于强调个人效用最大化,强调个人主义,因此也就出现了严重的现代病:离婚率居高不下,亲情、友情、爱情不再纯朴神圣,医患纠纷、路怒事件频发,情绪问题普遍而严重……

第 66 届联合国大会曾明确告诫:21 世纪人类面临的最大生存挑战,将不是污染、战争,也不是瘟疫,而是我们的幸福感低下。信息多而杂乱的今天,信息可能提升心力与智慧,但更有可能污染头脑,干扰认知,损伤判断,损伤情绪,损伤担当,破坏个体的幸福感和意义感。

让人民生活幸福是"国之大者"。人类历史进程表明,物质财富的增加并不必然提升民众的幸福感。在中国全面建成小康社会、物质财富比较丰富的今天,如何让人民不仅在经济上,而且在政治、文化、社会、生态文明等多领域、多层面拥有更多的成就感、获得感和幸福感,已经成为中国全面建设社会主义现代化强国进程中的重大课题。②

① 倪志良:《掂量好无价的社会价值》,载《人民日报》,2016 年 6 月 3 日。
② 逄锦聚:《幸福之道——两位教育工作者的驻心探寻》,光明网:https://m.gmw.cn/baijia/2021-08/20/35094768.html。

就个人层面而言，追求幸福可分为"外求"与"内求"。"外求"，即均衡配置好自己的"时间和精力"等生命资源，切实改善个体在现实社会中的"实"况：收入、名望（贡献、地位等）、健康、人际（亲情、友情等）。"内求"，即有效管控好"内心"的精神秩序，将"至简、至上、至真"之道融入个人的认知框架，逐渐优化个人的认知回路和情绪回路，以实现生命体验的最优化。

为了更幸福地生活，有些人需要多些竞争性指标的"外求"，有些人则需要多些明心见性的"内求"。"外求"关乎各种竞争性指标的改善，"内求"关乎内在的生命体验和内心精神秩序的改善。外求很重要，但有时内在感受比外部指标更为重要。内心认知回路和情绪回路相当于电脑的软件系统，只有持续升级和优化软件系统，面对本该被珍惜的外部"实"况，一个人才有可能体验到更多的心安与喜悦，体验到更多的平和与专注，体验到更多的价值感、意义感、合一感！①

当今，很多"幸福感"不足的问题可以归因于以下三点：一是在认知层面，信息过多、比较过多、选项过多、竞争过度，容易将"内心"搞乱，使人的认知难以达成"内在一致"。二是在行为层面，过于屈从外部指标而并未遵从本心的就业选择和行为模式选择，使得个人行为与社会发展需求脱节，从而在行为"过程中"难以实现顺势合赋、惟精惟一、好之乐之、卓尔有效，在行为"过程中"难以体验到充足的意义感和

① 倪志良、赵春玲：《幸福之道——幸福经济学实践版》，南开大学出版社 2020 年版。

价值感。三是在情绪体验层面,运动不足、睡眠不足、守静不足,容易导致头脑中积极神经递质分泌数量的减少,从生理基础上削减了人的积极情绪体验!

认知不能经常性地达成"内在一致",行为选择不能遵从本心致使行为"过程中"的意义感缺失,积极情绪体验的生理性削减,上述三重因素的叠加容易导致内心失序。内心一旦失序,"外求"之效率和"内在"之生命体验都会大打折扣。内心一旦失序,"好之乐之地工作,心安喜悦地生活"——这一简单且直接的生命诉求,这一本该作为生命"初心"、本该成为生命常态的本真诉求——就会变得越来越奢侈难得。

自 2018 年春拿到本书原著,倪志良教授与张开志博士负责了全书翻译的统筹和总审校,如今 2021 年秋,译稿即将付梓。此间经历了初译、校对、精校、定稿四个阶段:

第一阶段(初译阶段,2018 年 4 月至 2019 年 4 月):

陈永立、胡亚文、王茂森、于杨负责了全书的初译工作。其中,在美国攻读学位的陈永立博士负责了封底、致谢及其之后部分的翻译;胡亚文负责了第 1 章至第 5 章的翻译;王茂森负责了第 6 章至第 10 章的翻译;于杨负责了第 11 章至第 15 章的翻译。

此外,初译组成员全程参与了书稿的翻译和校对工作。

第二阶段(校对阶段,2019 年 7 月至 2019 年 10 月):

张开志、苏瑞峰和郭经纬参与了全书第一次校对工作。其间,宗亚辉博士参与了全书图表的校对和修正工作，成前副教授、郭俊汝博士、郝人、王笑辰、刘雨诺、王皓如、张晋伟、滕添磊、夏宇锋参与了部分章节以及注释、索引、图表资料来源等部分的校对工作。

2019 年 10 月，将全书翻译初稿交付格致出版社审阅。格致出版社审阅译稿，并于 2021 年 8 月提出了反馈意见。

第三阶段（精校阶段，2021 年 8 月至 2021 年 10 月）：

张开志博士、侯省亮博士、钱峰博士、李琦博士、覃梓文博士、陈滔博士、刘辰博士、张莉娜博士、高正斌博士针对出版社提出的问题进行了进一步讨论和校对。

第四阶段（定稿和出版，2021 年 10 月至 2021 年 11 月）：

经初译、校对、反馈意见等环节，《幸福之源——优化生命体验的科学》定稿。

在此部译作出版的过程中，得到了格致出版社唐彬源先生和王萌先生等的全程支持和鼎力帮助，在此致以衷心感谢。

在翻译本书的过程中，我们力求既忠实原文，又尽量符合中文习惯，尽可能准确地使用各种专业术语。其间关于书本翻译的问题与疑虑，我们也通过格致出版社与原作者进行过反复的沟通与确认。但是，由于本书所涉及的不仅仅是幸福观和一般的心理学研究，它还涉及政治、哲学、经济学、税收、统计学等一系列社会科学，因此，本书的中文译本难免会存在疏漏、错误和译文不够准确的地方。作为本书的译者方，凡此种种应该由我们来承担责任，并真诚希望发现疏漏和错误的读者及时给予指正。若读者在阅读本书过程中发现问题，或有意就"幸福经济学"课程建设与教材建设提出合理化建议，欢迎搜索关注我们的"幸福经济学课程"公众号进行反馈。我们将及时整理大家的意见和建议，并在今后的课程建设中最大限度地予以采纳。

幸福，事关个体一切内在努力的终极目标；民生幸福，事关国家治理的至善选择。诺贝尔经济学奖得主阿马蒂亚·森也曾明确指出，不管经济学如何发展，最终要回答的是人类如何才会幸福的问题，以及人类如何才能避免不幸福的问题。自我们于南开大学筹备"幸福经济学"课程之日算起，至今已经 10 年有余。从《幸福经济学》《幸福之道——幸福经济学实践版》出版，到如今《幸福之源——优化生命体验的科学》翻译完成，我们只是期望这些基础性工作，能够对个人的幸福修为与各级政府的公共治理贡献一些积极力量！

译　者

2021 年秋于南开园

本书根据 Princeton University Press 2018 年英文版译出
2021 年中文版专有出版权属格致出版社
本书授权只限在中国大陆地区发行
版权所有　翻版必究
上海市版权局著作权合同登记号:图字 09-2020-101 号

图书在版编目(CIP)数据

幸福之源:优化生命体验的科学/(英)安德鲁·
E.克拉克等著;倪志良等译.—上海:格致出版社,
2021.12
ISBN 978 - 7 - 5432 - 3296 - 9

Ⅰ.①幸… Ⅱ.①安…②倪… Ⅲ.①幸福-研究
Ⅳ.①B82

中国版本图书馆 CIP 数据核字(2021)第 228283 号

责任编辑　唐彬源　程　倩
装帧设计　路　静

幸福之源
——优化生命体验的科学

[英]安德鲁·E.克拉克　莎拉·弗莱什　理查德·莱亚德
　　纳达武·包他威　乔治·沃德 著

倪志良　张开志　胡亚文　陈永立　王茂森　于　扬 译

出　　版　格致出版社
　　　　　上海 人 民 出 版 社
　　　　　(201101　上海市闵行区号景路 159 弄 C 座)
发　　行　上海人民出版社发行中心
印　　刷　常熟市新骅印刷有限公司
开　　本　710×1000　1/16
印　　张　17.75
插　　页　2
字　　数　171,000
版　　次　2021 年 12 月第 1 版
印　　次　2021 年 12 月第 1 次印刷
ISBN 978 - 7 - 5432 - 3296 - 9/F · 1408
定　　价　72.00 元